바른 쓰기 공식

규칙 동사에 착 붙는 어미

이해진 · 이도은 지음

바른 쓰기 공식

규칙 동사에 착 붙는 어미

이해진

보건복지부 국가자격증 언어재활사 1급
이화여자대학교 대학원 언어병리학과 석사 수료
현) 언어인지연구소민들레 소장
　　　한국난독증협회 마스터즈 전문회원
전) 서울아이정신건강의학과의원 학습치료사
　　　안산연세병원 언어재활사
　　　밝은연세정신과의원 언어재활사

이도은

보건복지부 국가자격증 언어재활사 1급
명지대학교 사회교육대학원 언어치료학과 석사 졸업
현) 언어인지연구소민들레 부소장
전) 강북언어치료센터 언어재활사
　　　도봉장애인종합복지관 언어재활사
　　　양주시 장애아재활교육치료센터 언어재활사

〈주요 사업 및 강의 이력〉
• 서울특별시교육청 특수교육대상자 치료지원기관
• 서울특별시교육청 난독 학생 전문지원기관
• 서울특별시교육청 경계선 지능 학생 전문지원기관
• 서울특별시교육청 기초학력반 교육지원단 강의 외 다수

바른 쓰기 공식

규칙 동사에 착 붙는 어미

인　　쇄　　일　　초판1쇄 2024년 8월 30일
발　　행　　일　　2024년 9월 2일
지　　은　　이　　이해진 · 이도은
발　　행　　인　　최윤정
발　　행　　처　　재단법인 파라다이스복지재단
주　　　　　소　　서울시 중구 퇴계로 299, 3층(파라다이스빌딩)
대　표　전　화　　02-2277-3296
팩　　　　　스　　02-2277-3124
등　　　　　록　　2002년 5월 13일
홈　페　이　지　　www.paradise.or.kr
디자인·편집　　(주)프린파크　전화 02-2263-3348
온　라　인　판매　　아이소리몰 http://isorimall.com　전화 1544-2311
I　S　B　N　　978-89-90604-97-2
　　　　　　　　　978-89-90604-94-1(세트)

isorimall_official
http://pf.kakao.com/_LnxlzK
https://blog.naver.com/paradisewelfare3296

바른 쓰기 공식

규칙 동사에 착 붙는 어미

이해진 · 이도은 지음

　이해진 선생님은 오랫동안 한글 읽기·쓰기를 어려워하는 아이들의 학습을 도와 온 사람입니다. 이제 그간 쌓아온 내공을 세상에 드러내도 좋은 시점에 드디어 썩 괜찮은 한글 학습지를 무려 3권이나 시리즈로 출판한다고 하니 반가운 마음입니다.

　우리나라 한글 교육 현장에는 소위 통글자 방식의 교재와 의미 중심 교재가 주류를 이루고 있습니다. 반면에 낱글자 방식, 발음 중심 교육의 읽기·쓰기 교재가 부족한 상황입니다. 영어 교육에서 사용하는 발음, 문법, 독해를 나누어서 학습하는 방식의 교재가 필요합니다.

　특히 한글 교육에서 가장 걸림돌이 되는 용언의 활용을 학습하는 초등학생 대상 교재가 부족했습니다. 용언의 활용 규칙을 제시하고 규칙에 따라 연습해 보는 것은 기초 수준의 읽기·쓰기 학습을 마친 학생이 이보다 높은 작문과 독해로 나아가기 위해 꼭 필요한 단계입니다. 왜냐하면 학생들 중에서 이를 명시적으로 지도 받지 못하면 용언의 활용 규칙을 스스로 이해하기 어려워하는 경우가 많기 때문입니다.

　읽기 교육의 고전인 『Speech to Print』의 저자 루이사 모츠(Louisa Moats) 여사는 읽기 교육을 로켓 과학에 비유했습니다. 누구나 쉽게 가르치고 배움 수 있는 일 같지만, 제대로 가르치기 위해서는 로켓 발사를 연구하는 마음으로 교육 방식을 연구할 필요가 있다는 의미입니다. 앞으로 이해진 선생님의 〈바른 읽기 공식〉, 〈바른 쓰기 공식〉 시리즈가 한글 교육에 있어 중요한 디딤돌 중의 하나가 되기를 바랍니다.

정 재 석

한국난독증협회 대표, 소아정신과 전문의, 읽기자신감 1-8권 대표 저자

　문장은 우리의 생각이나 감정을 말과 글로 표현할 때 완성된 내용을 나타내는 최소 단위예요. 주어나 서술어와 같은 문장 성분을 갖추는 것을 원칙으로 해요. 하지만 상황에 따라 생략하기도 하지요. 문장 끝에는 마침표(.), 물음표(?), 느낌표(!)와 같은 문장 부호가 들어가요. 내용을 잘 갖추어 쓰더라도 문장 부호를 찍지 않으면 형식상 부족한 글이 될 수 있어요.

　우리말은 서술어를 중심으로 문장을 구성하는 언어예요. 서술어란 문장에서 주어의 움직임, 상태, 성질 등을 설명하는 말이에요. '무엇이 어찌하다', '무엇이 어떠하다', '무엇이 무엇이다'에서 '무엇이'는 주어라고 하고, '어찌하다', '어떠하다', '무엇이다'와 같은 말은 서술어라고 해요. '보미는 달린다.', '하늘이 푸르다.', '사과는 과일이다.' 처럼 주어와 서술어를 바꾸어 다양한 문장을 만들 수 있지요.

　서술어는 문장에 따라 여러 형태로 변하는 특성이 있어요. '무엇이 어찌하다'라는 문장에서 '어찌하다'처럼 움직임을 표현하는 말을 동사라고 해요. 우리가 자주 쓰는 동사 '먹다'는 문장 끝에서 '먹었다', '먹는다', '먹었니' 등으로 쓸 수 있어요. 예를 들어 '지훈이는 밥을 먹고, 약을 먹었다.'라는 문장을 살펴보아요. '지훈이는 밥을 먹었다.', '지훈이는 약을 먹었다.'라는 문장 두 개를 이어 하나의 문장으로 만들었네요. 이처럼 문장을 연결할 때는 '먹다'를 '먹고', '먹어서', '먹지만'과 같은 형태로 바꾸어 표현해요.

　“지훈아, 밥 먹었니?” 이 문장은 우리가 평소 자주 사용하는 표현이지요? 이 문장의 서술어 ‘먹었니’는 어떻게 만들어졌을까요? ‘먹-’에는 ‘음식 따위를 배 속에 들여보낸다’는 의미가 담겨 있어요. 실질적인 의미가 들어 있는 ‘먹-’과 같은 말을 어간이라고 해요. 어간에 ‘-다’를 붙인 ‘먹다’는 기본형이라고 해요. 모든 서술어는 기본형으로 국어사전에 실려요.

　‘먹었니?’에서 ‘-었니?’는 어떤 기능을 할까요? ‘-었-’은 과거, ‘-니’는 물음을 나타내는 말이에요. 만약 어떤 행동을 과거에 했는지 묻는 문장을 표현하고 싶다면 ‘씻었니?’, ‘입었니?’, ‘읽었니?’ 등으로 활용하면 되겠지요? 이때 ‘-었-’, ‘-니’ 는 독립적으로는 쓸 수 없고, 어간 뒤에 붙여 단어를 구성해요. 이러한 특징을 고스란히 담아 ‘어미’라는 이름이 붙었어요. ‘말’을 나타내는 한자 어(語)와 ‘꼬리’를 나타내는 한자 미(尾)를 합친 말이지요. ‘어미’는 ‘말소리’, 기억할 수 있겠죠?

　이 책에는 규칙 동사에 붙여 쓸 수 있는 어미가 담겨 있어요. 분류 기준 네 가지에 따라 나뉜 어간에 착 붙는 어미를 차근차근 공부해 보아요. 기초를 좀 더 탄탄하게 다지고 싶은 학생들은 〈바른 읽기 공식〉 시리즈로 시작해 보세요. 바르게 읽고 쓰며 생각이 자라나기를 바랍니다.

저자 일동

어휘 이해

단어
뜻과 **기능**을 가지며 홀로 쓰일 수 있는 가장 작은 말의 단위예요.

명사
사물이나 개념의 **이름**을 나타내는 단어예요.
예) 연필, 코끼리, 나무, 서울, 공부, 사랑 등

동사
사람이나 사물의 **움직임**을 나타내는 단어예요.
예) 가다, 보다, 사다, 닫다, 받다, 안다 등

형용사
사람이나 사물의 **성질**이나 **상태**를 나타내는 단어예요.
예) 크다, 같다, 높다, 얇다, 기쁘다, 빨갛다 등

단어의 분류

- **의미**에 따른 분류
  명사, 대명사, 수사, 관형사, 부사,
  감탄사, 조사, 동사, 형용사

- **문장**에서의 **기능**에 따른 분류
  체언, 수식언, 독립언, 관계언, 용언

- **형태**의 변화에 따른 분류
  가변어, 불변어

- **기본형**　동사, 형용사, 조사 '이다'와 같이 상황에 따라 **형태가 바뀌는 단어**를 대표하는 말이에요.
- **어　간**　동사나 형용사가 활용할 때에 **형태가 바뀌지 않는 부분**을 말해요.
- **어　미**　동사, 형용사, 서술격 조사 '이다'가 활용할 때에 **형태가 바뀌는 부분**을 말해요.

▶ **기본형을 만드는 방법은?**

어간(형태가 바뀌지 않는 부분)에 '-다'를 붙여요.

어간 (형태가 바뀌지 않는 부분)	어미 (형태가 바뀌는 부분)	기본형 (어간+-다)
	-었다	
	-는다	
먹-	-고	먹다
	-지만	
	-으니까	

어미의 분류

선어말 어미			높임	-(으)시-
			시제	-았-/-었-(과거), -ㄴ-/-는-(현재), -겠-(미래)
어말 어미	종결 어미		평서형	-다, -ㄴ다/-는다, -ㅂ니다/-습니다, -아/-어, -아요/-어요
			의문형	-ㅂ니까/습니까, -(으)니, -아요/-어요
			명령형	-아라/-어라, -아요/-어요, -(으)세요
			청유형	-아요/-어요, -자
			감탄형	-구나/-는구나, -아라/-어라
	비종결 어미	전성 어미	명사형	-(으)ㅁ, -기
			관형사형	-(으)ㄴ, -는, -(으)ㄹ, -던
			부사형	-게, -도록
		전성 어미	대등적	-고, -(으)며, -(으)나, -거나, -든지
			종속적	-(으)나, -는데, -(으)니, -더라도, -(으)러, -(으)려고, -(으)면, -아서/-어서, -아야/-어야, -지만
			보조적	-게, -고, -려, -아/-어, -아야/-어야

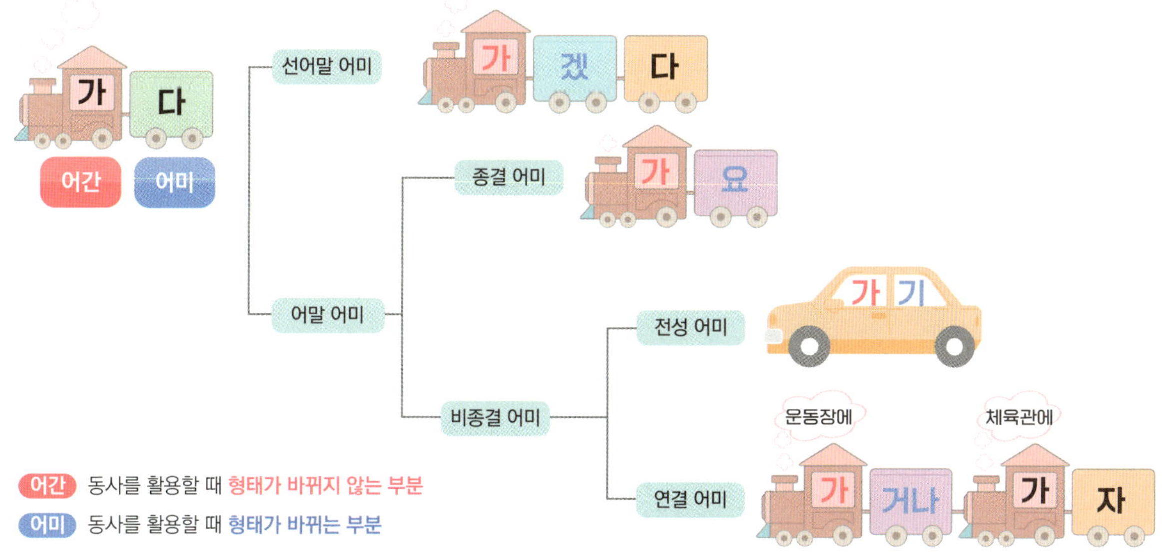

어간 동사를 활용할 때 형태가 바뀌지 않는 부분
어미 동사를 활용할 때 형태가 바뀌는 부분

문장과 문장 부호

▶ 문장이란?
생각이나 감정을 말과 글로 표현할 때 완결된 내용을 나타내는 가장 작은 단위예요.

▶ 바른 문장 만들기를 위한 약속
- 단어를 순서에 맞게 연결해요.

  예) 먹는다 지훈이가 밥을 (✗), 지훈이가 밥을 먹는다. (○)
- 문장 끝에 다양한 부호를 써서 마무리해요. 모든 문장에는 문장 부호가 꼭 필요해요.

▶ 문장 부호의 종류

이름	문장 부호	쓰임
.	마침표	사실이나 생각을 말하는 문장을 끝맺을 때 써요.
?	물음표	대답을 요구하는 문장을 끝맺을 때 써요.
!	느낌표	감정을 강조하는 문장을 끝맺을 때 써요.
,	쉼표	단어를 여러 개 늘어놓거나 부르는 말 뒤에 써요.
" "	큰따옴표	대화를 표시하는 문장의 시작과 끝에 써요.
' '	작은따옴표	생각을 표시하는 문장의 시작과 끝에 써요.
……	줄임표	할 말을 줄였을 때나 말이 없음을 나타낼 때 써요.
~	물결표	기간이나 거리와 같은 범위를 나타낼 때 써요.

문장의 종류

- **평서문**
  말하는 사람이 어떤 사실이나 생각을 그대로 말하는 문장으로 마침표(.)를 찍어 마무리해요.

- **의문문**
  말하는 사람이 듣는 사람에게 질문을 하여 그 대답을 들으려는 문장으로 물음표(?)를 찍어 마무리해요.

- **명령문**
  말하는 사람이 듣는 사람에게 무엇을 시키거나 행동을 요구하는 문장이에요.

- **청유문**
  말하는 사람이 듣는 사람에게 같이 행동할 것을 요청하는 문장이에요.

- **감탄문**
  놀람, 슬픔, 기쁨 같은 감정을 나타내는 문장으로 느낌표(!)를 찍어 마무리해요.

서술어가 동사인 문장의 짜임

무엇이 어찌하다	무엇이 무엇을 어찌하다
지훈이가 · 잔다	혜은이가 · 책을 · 읽는다

무엇이(가) + 어찌하다

1. 무엇이 어찌하다.
   예) 아기가 웃는다.

2. 무엇이 {무엇에/어디에/누구에게} 어찌하다.
   예) 아빠는 회사에 가셨다.

3. 무엇이 {무엇으로/어디에} 어찌하다.
   예) 우리는 제주도로 떠났다.

4. 무엇이 무엇과 어찌하다.
   예) 다정이는 아빠와 닮았다.

5. 무엇이 무엇이 어찌하다.
   예) 다정이는 3학년이 되었다.

무엇이(가) + 무엇을 + 어찌하다

1. 무엇이 무엇을 어찌하다.
   예) 지훈이는 밥을 먹는다.

2. 무엇이 {무엇에/어디에/누구에게} 무엇을 어찌하다.
   예) 지훈이는 동생에게 자리를 양보했다.

3. 무엇이 {어디에서/누구에게서} 무엇을 어찌하다.
   예) 지훈이는 가방에서 준비물을 꺼냈다.

4. 무엇이 무엇과 무엇을 어찌하다.
   예) 지훈이는 다정이와 자리를 바꿨다.

5. 무엇이 무엇을 {무엇으로/어디로} 어찌하다.
   예) 모두가 지훈이를 반장으로 알았다.

동사가 나타내는 움직임이 **주어**에만 미치면 **자동사**, 동사가 움직임의 대상인 **목적어**를 필요로 하면 **타동사**로 구분할 수 있어요. 따라서 서술어가 동사인 문장은 동사의 종류에 따라 문장의 구조가 결정되는 것이지요.

문장의 연결

1과 2는 원인과 결과	[1]배가 아팠다. **그래서** [2]병원에 갔다. 배가 **아파서** 병원에 갔다.
1이 2의 조건	[1]도서관 회원증을 만들어라. **그러면** [2]책을 빌릴 수 있다. 도서관 회원증을 **만들면** 책을 빌릴 수 있다.
1이 2의 이유	[1]간식을 많이 먹었구나. **그러니까** [2]밥맛이 없지. 간식을 많이 **먹으니까** 밥맛이 없지.
1이 2의 근거	[1]오늘은 토요일이다. **그러므로** [2]학교에 가지 않는다. 오늘은 **토요일이므로** 학교에 가지 않는다.
1과 2는 반대	[1]여학생들은 찬성했다. **그런데** [2]남학생들은 반대했다. 여학생들은 **찬성했는데** 남학생들은 반대했다.
1과 2는 반대	[1]가슴이 두근거렸다. **그러나** [2]무대에 올랐다. 가슴이 **두근거렸으나** 무대에 올랐다.
1과 대립되는 2	[1]피아노 연습은 힘들다. **그렇지만** [2]연주회를 포기할 수는 없다. 피아노 연습은 **힘들지만** 연주회를 포기할 수는 없다.
1 다음에 2	[1]아침을 먹었다. **그리고** [2]학교에 갔다. 아침을 **먹고** 학교에 갔다.

 '한 문장 만들기 – 접속 부사로 문장 연결하기 – 연결 어미로 복문 만들기' 순으로 지도해 주세요.

어간의 끝음절이 'ㅗ, ㅏ'인 규칙 동사의 활용

어간 끝음절이 'ㅗ, ㅏ'인 규칙 동사

가다	까다	따다	보다	사다
싸다	쏘다	오다	자다	짜다
차다	타다	파다	나가다	나오다
떠나다	만나다	바라다	빛나다	자라다
걸어가다	내려오다	물어보다	올라가다	일어나다

공식 1. 오아

'가다', '오다'와 같이 어간의 끝음절이 /ㅗ, ㅏ/로 끝나는 동사의 활용 규칙

〈공식 1〉에 붙는 어미

-ㄴ다, -ㄹ, -ㅁ, -아, -아서,
-아요, -(았)- 등

〈공통〉으로 붙는 어미

-다, -니, -자, -는구나, -기,
-고, -는데, -겠- 등

어간의 끝음절이 'ㅗ, ㅏ'가 아닌 모음으로 끝나는 규칙 동사의 활용

어간 끝음절이 'ㅗ, ㅏ'가 아닌 모음으로 끝나는 규칙 동사

뛰다	매다	메다	쉬다	주다
켜다	그리다	꾸미다	넘기다	달리다
던지다	마시다	멈추다	바꾸다	배우다
버리다	이기다	지우다	키우다	가르치다
기다리다	도와주다	빌려주다	엎드리다	일어서다

공식 2. 오아 아님

'뛰다', '주다', '그리다'와 같이 어간의 끝음절이 /ㅗ, ㅏ/가 아닌 모음으로 끝나는 동사의 활용 규칙

〈공식 2〉에 붙는 어미
-ㄴ다, -ㄹ, -ㅁ, -어, -어서,
-어요, -(었)- 등

〈공통〉으로 붙는 어미
-다, -니, -자, -는구나, -기,
-고, -는데, -겠- 등

어간 끝음절 모음이 'ㅗ, ㅏ'이면서 받침이 있는 규칙 동사

어간 끝음절이 'ㅗ, ㅏ'면서 받침이 있는 규칙 동사

감다	갚다	깎다	꽂다	낳다
놓다	닦다	닫다	담다	막다
박다	받다	밟다	볶다	뽑다
삶다	쌓다	안다	앉다	잡다
쫓다	참다	찾다	핥다	빼앗다

공식 3. 오아 + 받침

'감다', '쫓다'와 같이 어간의 끝음절이 모음 /ㅗ, ㅏ/면서 받침이 있는 동사의 활용 규칙

〈공식 3〉에 붙는 어미
-는다, -을, -음, -아, -아서,
-아요, -았- 등

〈공통〉으로 붙는 어미
-다, -니, -자, -는구나, -기,
-고, -는데, -겠- 등

어간 끝음절 모음이 'ㅗ, ㅏ'가 아니면서 받침이 있는 규칙 동사

어간 끝음절이 'ㅗ, ㅏ'가 아니면서 받침이 있는 규칙 동사

겪다	긁다	덮다	뜯다	먹다
묶다	뱉다	벗다	섞다	숨다
신다	심다	씹다	씻다	업다
웃다	읽다	입다	적다	접다
집다	짚다	찍다	찢다	쓰다듬다

공식 4. 오아 아님 + 받침

'겪다', '묶다'와 같이 어간의 끝음절이 /ㅗ, ㅏ/가 아닌 모음이면서 받침이 있는 동사의 활용 규칙

〈공식 4〉에 붙는 어미

-는다, -을, -음, -어, -어서,
-어요, -었- 등

〈공통〉으로 붙는 어미

-다, -니, -자, -는구나, -기,
-고, -는데, -겠- 등

이 책의 구성 및 특징

미리 살펴 보기

〈바른 쓰기 공식〉을 꼼꼼하게 이해할 수 있도록 단어의 종류, 문장의 구성, 규칙 동사의 활용 방법 등을
실었어요.

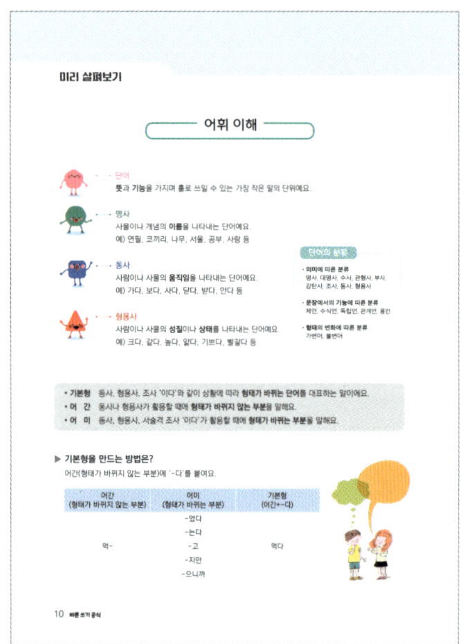

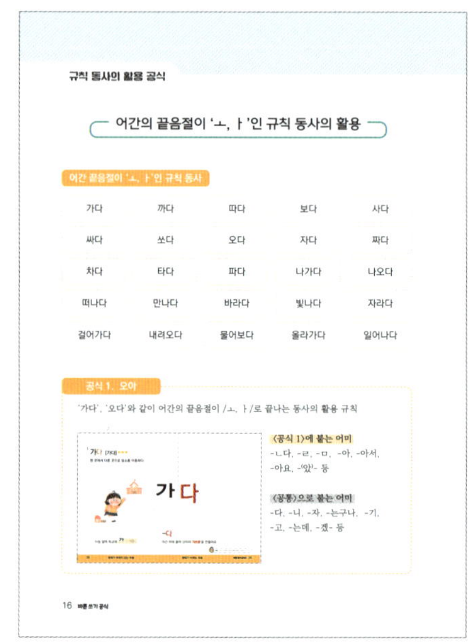

받아쓰기

받아쓰기로 배움의 성장을 확인할 수 있어요. QR
로 시험지를 내려 받아 실력을 확인해 보세요.

〈바른 읽기 공식〉과 함께 공부하기

바르게 읽고, 직접 쓸 수 있어요. 지도 시 차례의
페이지 정보를 확인해 주세요.

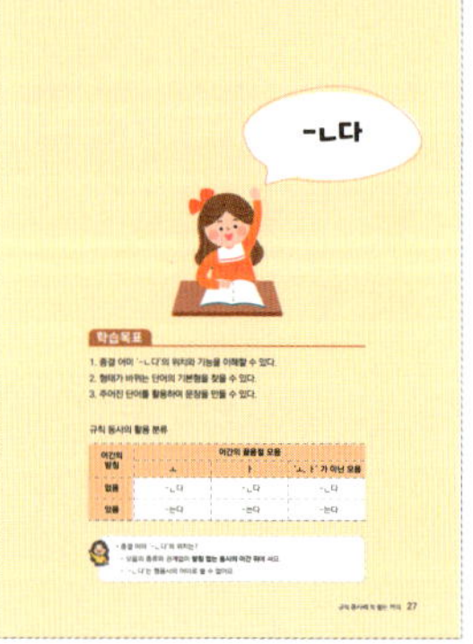

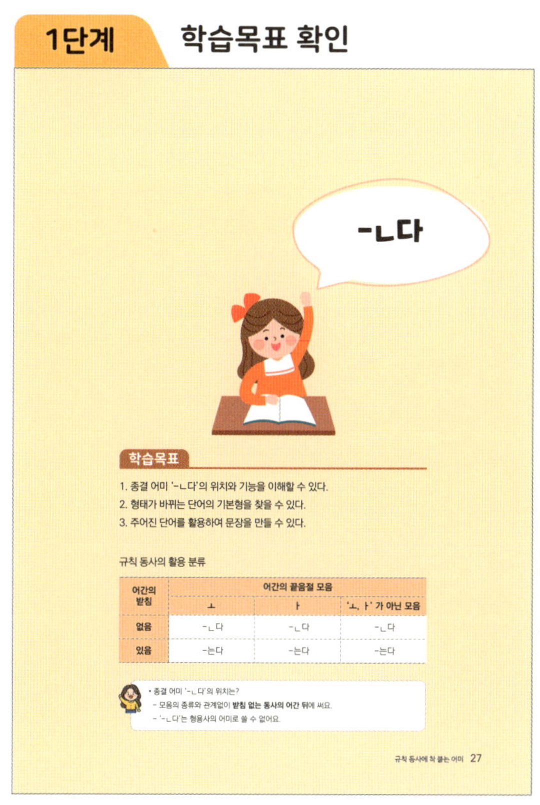

1단계   학습목표 확인
-ㄴ다
학습목표
1. 종결 어미 '-ㄴ다'의 위치와 기능을 이해할 수 있다.
2. 형태가 바뀌는 단어의 기본형을 찾을 수 있다.
3. 주어진 단어를 활용하여 문장을 만들 수 있다.
규칙 동사의 활용 분류
규칙 동사에 착 붙는 어미 27

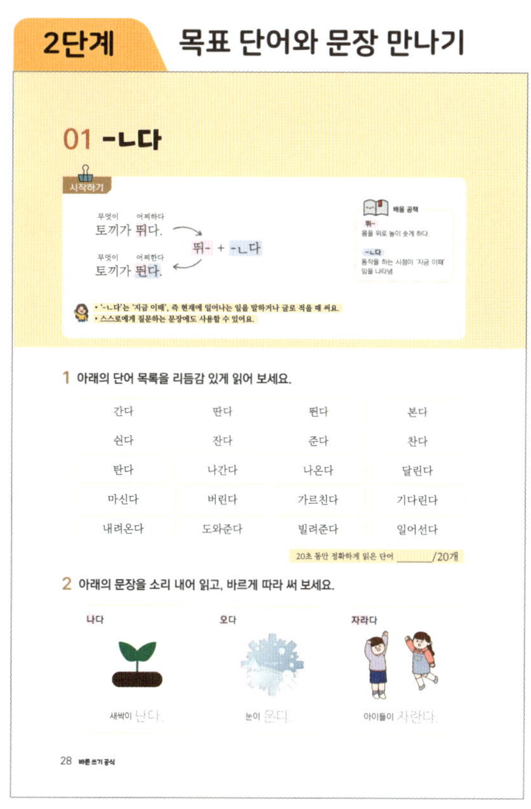

2단계   목표 단어와 문장 만나기
01 -ㄴ다
1 아래의 단어 목록을 리듬감 있게 읽어 보세요.
간다   만다   뛴다   본다
쉰다   잔다   준다   찬다
탄다   나간다   나온다   달린다
마신다   버린다   가르친다   기다린다
내려온다   도와준다   빌려준다   일어선다
2 아래의 문장을 소리 내어 읽고, 바르게 따라 써 보세요.
나다   오다   자라다
새박이 난다   눈이 온다   아이들이 자란다
28 바른 쓰기 공식

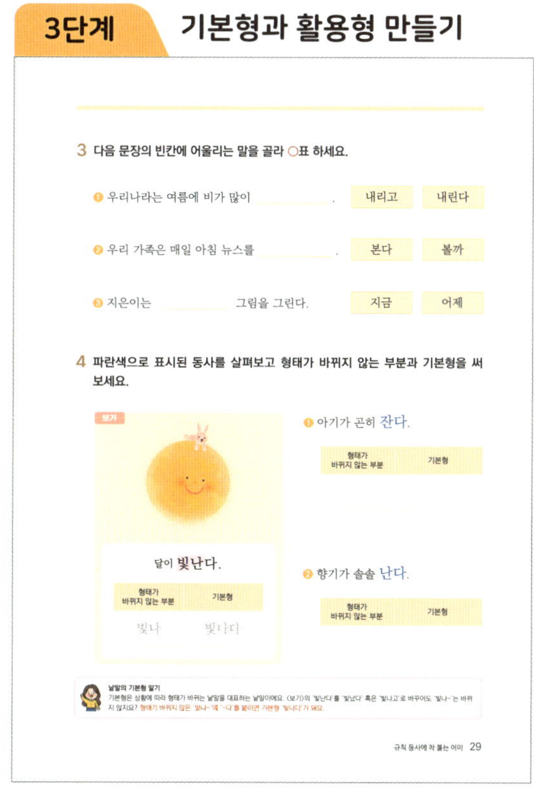

3단계   기본형과 활용형 만들기
3 다음 문장의 빈칸에 어울리는 말을 골라 ○표 하세요.
❶ 우리나라는 여름에 비가 많이 ____.   내리고   내린다
❷ 우리 가족은 매일 아침 뉴스를 ____.   본다   볼까
❸ 지은이는 ____ 그림을 그린다.   지금   어제
4 파란색으로 표시된 동사를 살펴보고 형태가 바뀌지 않는 부분과 기본형을 써 보세요.
❶ 아기가 곤히 잔다.
달이 빛난다.
❷ 향기가 솔솔 난다.
규칙 동사에 착 붙는 어미 29

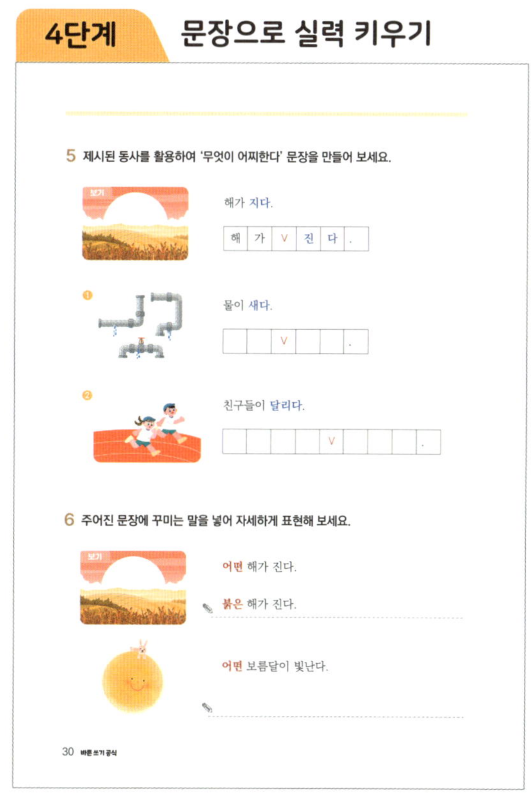

4단계   문장으로 실력 키우기
5 제시된 동사를 활용하여 '무엇이 어찌한다' 문장을 만들어 보세요.
해가 지다.
해 가 V 진 다 .
❶ 물이 새다.
❷ 친구들이 달리다.
6 주어진 문장에 꾸미는 말을 넣어 자세하게 표현해 보세요.
어떤 해가 진다.
붉은 해가 진다.
어떤 보름달이 빛난다.
30 바른 쓰기 공식

사전·사후 평가 1

주어진 동사를 알맞은 형태로 바꿔 문장을 완성해 보세요.

1. **지다** 해는 동쪽에서 뜨고 서쪽으로 진다 / 집니다 .

2. **맡다** 개는 냄새를 잘 맡는다 / 맡습니다 .

3. **재다** 저울로 무게를 측정합니다. 자로는 길이를 잽니다 .

4. **읽다** A는 그림을 그립니다. B는 책을 읽습니다 .

5. **따라오다** 위급한 상황이 생겼어요. 낯선 사람이 따라와요 / 따라왔어요 .

6. **입다** 에너지를 아껴요. 겨울철에는 내복을 입어요 .

7. **갈아타다** 버스에서 내려요. 지하철로 갈아타요 .

8. **보다** 어제 친구들과 영화관에서 '마법사의 지팡이'를 보았다 / 봤다 .

9. **배우다** 지난주 과학시간에 배추흰나비의 한살이에 대해 배웠다 / 배웠습니다 .

10. **싸다** 어젯밤에 동생이 이불에 오줌을 쌌다 / 샀습니다 .

11. **꾸미다** 저를 학급 회장으로 뽑아주신다면 교실을 아름답게 꾸미겠습니다 .

12. **오다** 내년에는 새로운 교장선생님께서 우리 학교에 오신다 / 오십니다 .

13. **넘다** 음악선생님께서는 피아노를 잘 치신다.

체육선생님께서는 높은 뜀틀도 가볍게 넘으신다 .

27~78쪽 학습을 시작하기 전과 후의 실력을 확인해 보세요.
표지 우측 상단의 QR 코드를 찍으시면 학생용 시험지를 내려받으실 수 있습니다.

사전·사후 평가 2 주어진 동사를 알맞은 형태로 바꿔 문장을 완성해 보세요.

1. **지내다** 곰아, 너는 어디에서 겨울잠을 자니? 박쥐야, 너는 어떻게 겨울을 지내니 ?

2. **이기다** 다음 경기에서는 어느 팀이 이길까(요) ?

3. **먹다** 오늘 저녁은 외식을 할까? 집에서 먹을까 ?

4. **잡다** 명령하는 상황: 도둑을 잡아라 .

5. **삼키다** 명령하는 상황: 꿀꺽 삼켜라 .

6. **일어서다** 명령하는 상황: 당장 일어서라 .

7. **지키다** 믿음직한 친구가 되려면, 약속을 잘 지키자 / 지킵시다 .

8. **돌아가다** 시간이 늦었으니, 집으로 돌아가자 / 돌아갑시다 .

9. **씻다** 식사 하기 전에 손을 씻자 / 씻읍시다 .

10. **기다리다** 네가 올 때까지 기다릴게 .

11. **않다** 너와의 약속을 절대 잊지 않을게 .

12. **먹다** 보기 좋은 떡이 먹기 도 좋다.

13. **오다** 가는 말이 고와야 오는 말이 곱다.

14. **사귀다** 유빈이는 방과후 교실에서 사귄 친구입니다.

15. **삶다** 간식으로 삶은 달걀과 식혜를 먹었습니다.

16. **그리다** 미술 시간에 친구의 얼굴을 그릴 생각이야.

17. **심다** 텃밭에 심을 상추 모종을 샀다.

85~156쪽 학습을 시작하기 전과 후의 실력을 확인해 보세요.
표지 우측 상단의 QR 코드를 찍으시면 학생용 시험지를 내려받으실 수 있습니다.

1. **먹다** 밥을 다 [먹고] 이를 닦았다.

2. **자다** 형이 잠을 [자면서] 코를 곤다.

3. **웃다** 다정이가 [웃으면서 / 웃으며] 말했다.

4. **오다** 우리집에 [와서] 같이 놀래?

5. **찾다** 잃어버린 물건을 [찾아서 / 찾으니까] 기뻤다.

6. **섞다** 빨강과 노랑을 [섞어서] 주황색 물감을 만들었다.

7. **자라다** 병아리는 [자라서] 닭이 되었다.

8. **가다** 위험한 곳이니 [가면] 안 돼.

9. **녹다** 얼음이 [녹으면] 물이 된다.

10. **빌리다** 책을 [빌리려고] 도서관에 간다.

11. **쫓다** 모기를 [쫓으려고] 살충제를 뿌렸다.

163~214쪽 학습을 시작하기 전과 후의 실력을 확인해 보세요.
표지 우측 상단의 QR 코드를 찍으시면 학생용 시험지를 내려받으실 수 있습니다.

학습목표

1. 종결 어미 '-ㄴ다'의 위치와 기능을 이해할 수 있다.

2. 형태가 바뀌는 단어의 기본형을 찾을 수 있다.

3. 주어진 단어를 활용하여 문장을 만들 수 있다.

규칙 동사의 활용 분류

어간의 받침	어간의 끝음절 모음		
	ㅗ	ㅏ	'ㅗ, ㅏ' 가 아닌 모음
없음	-ㄴ다	-ㄴ다	-ㄴ다
있음	-는다	-는다	-는다

- 종결 어미 '-ㄴ다'의 위치는?
  - 모음의 종류와 관계없이 **받침 없는 동사의 어간 뒤**에 써요.
  - '-ㄴ다'는 형용사의 어미로 쓸 수 없어요.

01 -ㄴ다

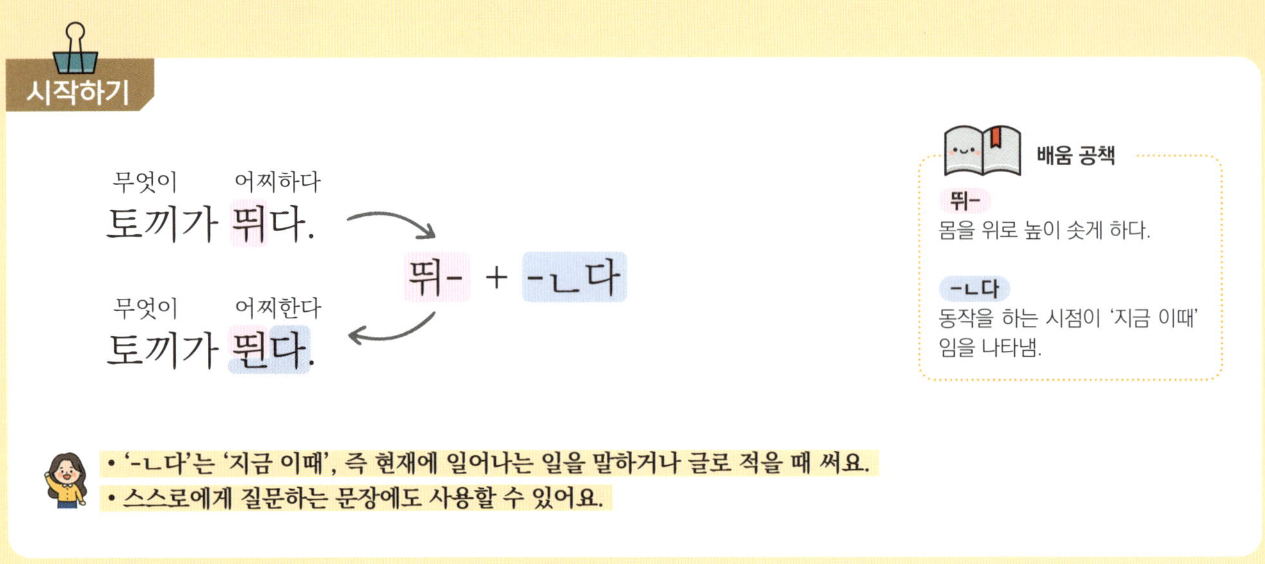

- '-ㄴ다'는 '지금 이때', 즉 현재에 일어나는 일을 말하거나 글로 적을 때 써요.
- 스스로에게 질문하는 문장에도 사용할 수 있어요.

1 아래의 단어 목록을 리듬감 있게 읽어 보세요.

간다	딴다	뛴다	본다
쉰다	잔다	준다	찬다
탄다	나간다	나온다	달린다
마신다	버린다	가르친다	기다린다
내려온다	도와준다	빌려준다	일어선다

20초 동안 정확하게 읽은 단어 _______/20개

2 아래의 문장을 소리 내어 읽고, 바르게 따라 써 보세요.

나다

새싹이 난다.

오다

눈이 온다.

자라다

아이들이 자란다.

3 다음 문장의 빈칸에 어울리는 말을 골라 ○표 하세요.

① 우리나라는 여름에 비가 많이 ___________ . | 내리고 | 내린다 |

② 우리 가족은 매일 아침 뉴스를 ___________ . | 본다 | 볼까 |

③ 지은이는 ___________ 그림을 그린다. | 지금 | 어제 |

4 파란색으로 표시된 동사를 살펴보고 형태가 바뀌지 않는 부분과 기본형을 써 보세요.

형태가 바뀌지 않는 부분	기본형
빛나	빛나다

① 아기가 곤히 **잔다**.

형태가 바뀌지 않는 부분	기본형

② 향기가 솔솔 **난다**.

형태가 바뀌지 않는 부분	기본형

낱말의 기본형 알기
기본형은 상황에 따라 형태가 바뀌는 낱말을 대표하는 낱말이에요. 〈보기〉의 '빛난다'를 '빛났다' 혹은 '빛나고'로 바꾸어도 '빛나-'는 바뀌지 않지요? 형태가 바뀌지 않은 '빛나-'에 '-다'를 붙이면 기본형 '빛나다'가 돼요.

5 제시된 동사를 활용하여 '무엇이 어찌한다' 문장을 만들어 보세요.

해가 **지다**.

해	가	V	진	다	.

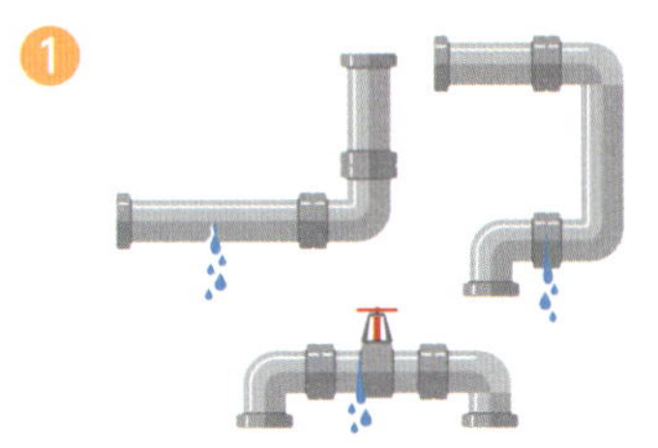

❶

물이 **새다**.

		V		.

❷

친구들이 **달리다**.

				V			.

6 주어진 문장에 꾸미는 말을 넣어 자세하게 표현해 보세요.

어떤 해가 진다.

 **붉은** 해가 진다.

어떤 보름달이 빛난다.

1. 종결 어미 '-는다'의 위치와 기능을 이해할 수 있다.

2. 형태가 바뀌는 단어의 기본형을 찾을 수 있다.

3. 주어진 단어를 활용하여 문장을 만들 수 있다.

규칙 동사의 활용 분류

어간의 받침	어간의 끝음절 모음		
	ㅗ	ㅏ	'ㅗ, ㅏ'가 아닌 모음
없음	-ㄴ다	-ㄴ다	-ㄴ다
있음	-는다	-는다	-는다

• 종결 어미 '-는다'의 위치는?

– 모음의 종류와 관계없이 **받침 있는 동사의 어간 뒤**에 써요.

– '-는다'는 형용사의 어미로 쓸 수 없어요.

02 -는다

무엇이　　　어디에　　　어찌하다
여행객이 숙소에 **묵**다.

무엇이　　　어디에　　　어찌한다
여행객이 숙소에 **묵는다**.

묵- + -는다

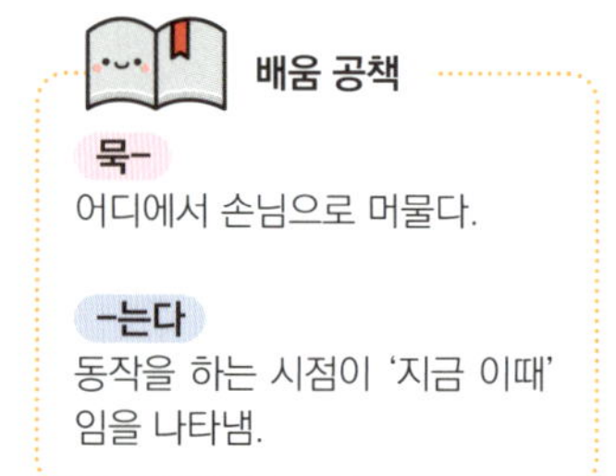

배움 공책

묵-
어디에서 손님으로 머물다.

-는다
동작을 하는 시점이 '지금 이때'
임을 나타냄.

- '-는다'는 '지금 이때', 즉 현재에 일어나는 일을 말하거나 글로 적을 때 써요.
- 스스로에게 질문하는 문장에도 사용할 수 있어요.

1 아래의 단어 목록을 리듬감 있게 읽어 보세요.

깎는다	꽂는다	닫는다	담는다
막는다	먹는다	묶는다	밟는다
뱉는다	볶는다	삶는다	숨는다
신는다	심는다	앉는다	웃는다
읽는다	잡는다	짚는다	찍는다

20초 동안 정확하게 읽은 단어 ________/20개

2 아래의 문장을 소리 내어 읽고, 바르게 따라 써 보세요.

감다

언니가 머리를 감는다.

핥다

보리가 미소의 얼굴을
핥는다.

긁다

수진이가 팔을 긁는다.

3 다음 문장의 빈칸에 어울리는 말을 골라 ○표 하세요.

❶ 아이들이 장난을 치며 까르르 ____________.

| 웃는다 | 웃으신다 |

❷ 책나무도서관은 6시가 되면 ____________.

| 닫다 | 닫는다 |

❸ 성하가 ____________ 맡는다.

| 코로 | 꽃향기를 |

4 파란색으로 표시된 동사를 살펴보고 형태가 바뀌지 않는 부분과 기본형을 써 보세요.

아이들이 새롭게 안 것을 **적**는다.

형태가 바뀌지 않는 부분	기본형
적	적다

❶ 교실에서는 실내화를 **신는다**.

형태가 바뀌지 않는 부분	기본형

❷ 도화지에 손도장을 **찍는다**.

형태가 바뀌지 않는 부분	기본형

5 제시된 동사를 활용하여 '무엇이 {무엇에/어디에/누구에게} 어찌한다' 문장을 만들어 보세요.

아이가 나무 뒤에 **숨다**.

아	이	가	V	나	무	V	뒤	에	V
숨	는	다	.						

❶

학생들이 제자리에 **앉다**.

				V					V
			.						

❷
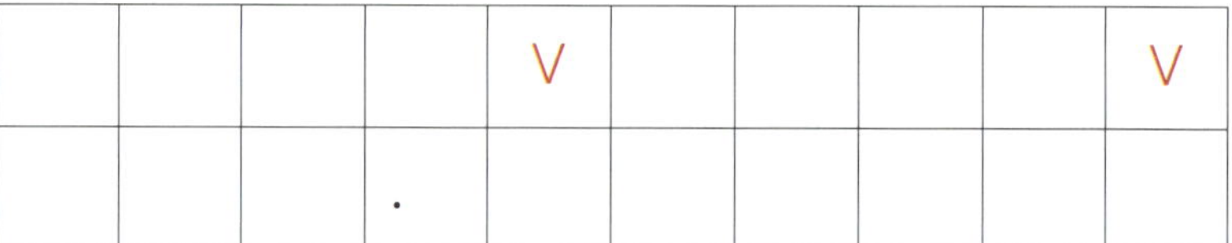

막냇동생이 눈덩이에 **맞다**.

					V				V
			.						

6 주어진 문장에 꾸미는 말을 넣어 자세하게 표현해 보세요.

아이가 **어떤** 나무 뒤에 숨는다.

아이가 **큰** 나무 뒤에 숨는다.

아이들이 새롭게 안 것을 **어디에** 적는다.

학습목표

1. 종결 어미 '-ㅂ니다'의 위치와 기능을 이해할 수 있다.
2. 형태가 바뀌는 단어의 기본형을 찾을 수 있다.
3. 주어진 단어를 활용하여 문장을 만들 수 있다.

규칙 동사의 활용 분류

어간의 받침	어간의 끝음절 모음		
	ㅗ	ㅏ	'ㅗ, ㅏ'가 아닌 모음
없음	-ㅂ니다	-ㅂ니다	-ㅂ니다
있음	-습니다	-습니다	-습니다

• 종결 어미 '-ㅂ니다'의 위치는?
– 모음의 종류와 관계없이 **받침 없는 어간 뒤**에 써요.

03 -ㅂ니다

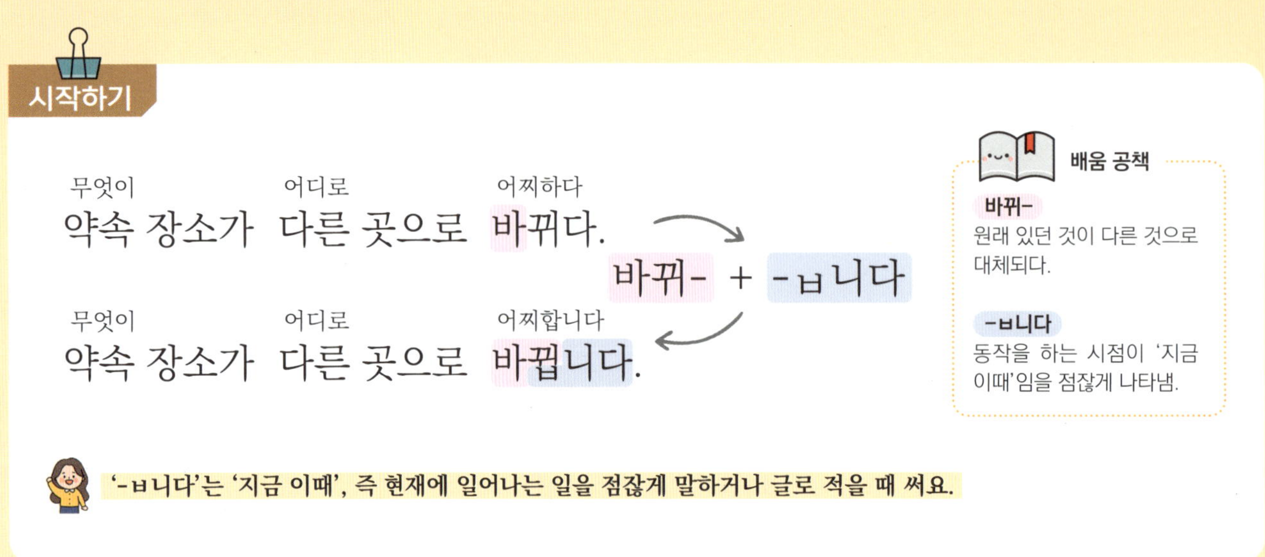

'-ㅂ니다'는 '지금 이때', 즉 현재에 일어나는 일을 점잖게 말하거나 글로 적을 때 써요.

1 아래의 단어 목록을 리듬감 있게 읽어 보세요.

뜁니다	삽니다	옵니다	짭니다
팝니다	그립니다	넘깁니다	떠납니다
만납니다	바꿉니다	바랍니다	배웁니다
이깁니다	자랍니다	지웁니다	물어봅니다
엎드립니다	올라갑니다	일어납니다	일어섭니다

20초 동안 정확하게 읽은 단어 _______/20개

2 아래의 문장을 소리 내어 읽고, 바르게 따라 써 보세요.

따다

원숭이가 바나나를 땁니다.

보다

다정이가 해바라기를 봅니다.

메다

등산객들은 배낭을 멥니다.

3 다음 문장의 빈칸에 어울리는 말을 골라 ○표 하세요.

❶ 제 동생은 유치원에 ____________.

| 다닌다 | 다닙니다 |

❷ 누나는 하루도 빠짐없이 일기를 ____________.

| 씁니다 | 쓰니까 |

❸ 체중계로 __________ 잽니다.

| 무겁게 | 몸무게를 |

4 파란색으로 표시된 동사를 살펴보고 형태가 바뀌지 않는 부분과 기본형을 써 보세요.

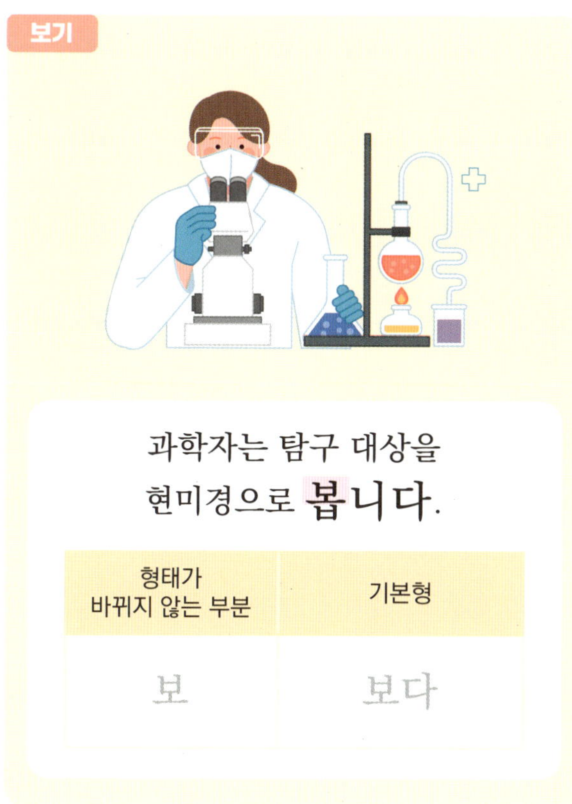

형태가 바뀌지 않는 부분	기본형
보	보다

❶ 오늘 새로운 영화가 나옵니다.

형태가 바뀌지 않는 부분	기본형

❷ 회의에 참석해 주시기 바랍니다.

형태가 바뀌지 않는 부분	기본형

5 제시된 동사를 활용하여 '무엇이 {무엇으로/어디로} 어찌합니다' 문장을 만들어 보세요.

영화관이 관객들로 **차다**.

영	화	관	이	V	관	객	들	로	V
참	니	다	.						

1 

가족들과 제주도로 **떠나다**.

				V					V
				.					

2 

엘리베이터가 위로 **올라가다**.

					V			V
				.				

6 주어진 문장에 꾸미는 말을 넣어 자세하게 표현해 보세요.

영화관이 관객들로 **어떻게** 찹니다.

영화관이 관객들로 **가득** 찹니다.

과학자는 탐구 대상을 현미경으로 **어떻게** 봅니다.

1. 종결 어미 '-습니다'의 위치와 기능을 이해할 수 있다.

2. 형태가 바뀌는 단어의 기본형을 찾을 수 있다.

3. 주어진 단어를 활용하여 문장을 만들 수 있다.

규칙 동사의 활용 분류

어간의 받침	어간의 끝음절 모음		
	ㅗ	ㅏ	'ㅗ, ㅏ'가 아닌 모음
없음	-ㅂ니다	-ㅂ니다	-ㅂ니다
있음	-습니다	-습니다	-습니다

- 종결 어미 '-습니다'의 위치는?
  - 모음의 종류와 관계없이 **받침 있는 어간 뒤**에 써요.

04 -습니다

무엇이　　무엇을　　어찌하다
지훈이가 반장을 **맡**다.

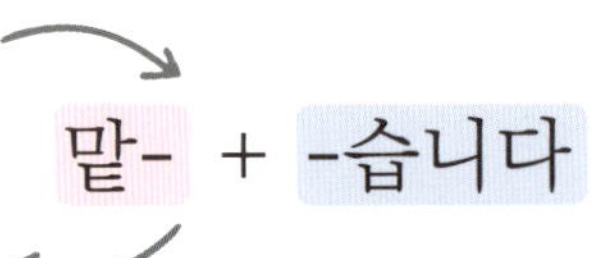

무엇이　　무엇을　　어찌합니다
지훈이가 반장을 **맡습**니다.

맡-
책임을 지고 어떤 일을 하다.

-습니다
동작을 하는 시점이 '지금 이때'임을 점잖게 나타냄

'-습니다'는 '지금 이때' 즉, 현재에 일어나는 일을 점잖게 말하거나 글로 적을 때 써요.

1 아래의 단어 목록을 리듬감 있게 읽어 보세요.

낳습니다	놓습니다	닦습니다	박습니다
받습니다	뽑습니다	섞습니다	쌓습니다
씹습니다	앉습니다	엎습니다	잊습니다
적습니다	접습니다	쫓습니다	찍습니다
찢습니다	참습니다	찾습니다	쓰다듬습니다

20초 동안 정확하게 읽은 단어 ________ /20개

2 아래의 문장을 소리 내어 읽고, 바르게 따라 써 보세요.

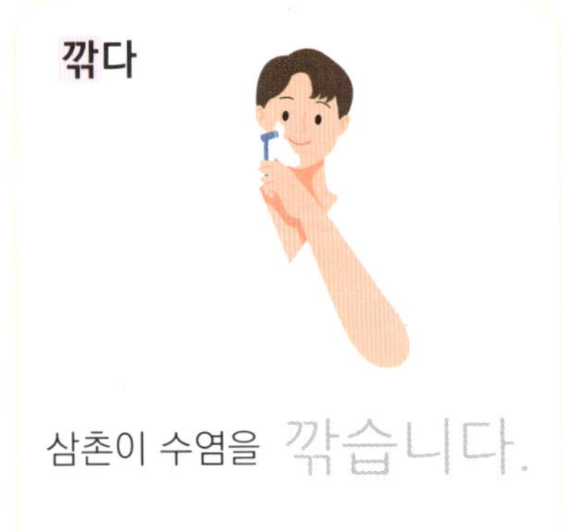
깎다

삼촌이 수염을 깎습니다.

덮다

함박눈이 세상을 덮습니다.

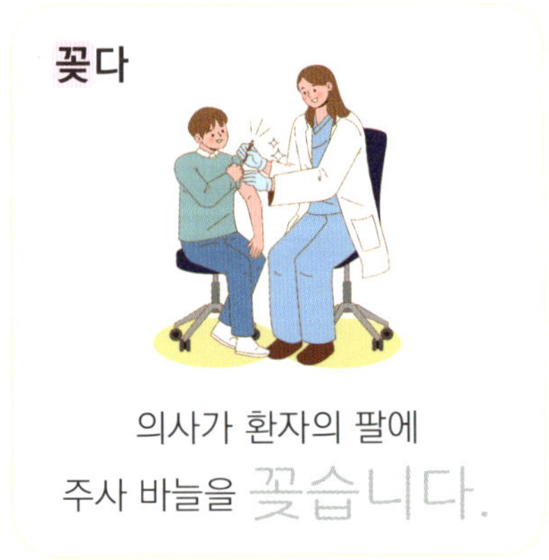
꽂다

의사가 환자의 팔에 주사 바늘을 꽂습니다.

3 다음 문장의 빈칸에 어울리는 말을 골라 ○표 하세요.

❶ 고래는 새끼를 _______________. 낳습니다   낳다

❷ 다음 학기에는 새로운 회장을 _______________. 뽑았다   뽑습니다

❸ _______________ 방을 닦습니다 걸레로   깨끗해서

4 파란색으로 표시된 동사를 살펴보고 형태가 바뀌지 않는 부분과 기본형을 써 보세요.

형태가 바뀌지 않는 부분	기본형
읽	읽다

❶ 우리는 매년 나이를 **먹습니다**.

형태가 바뀌지 않는 부분	기본형

❷ 국립중앙박물관은 입장료를 받지 **않습니다**.

형태가 바뀌지 않는 부분	기본형

'안'과 '않–'의 차이 알기
'안'은 동사나 형용사의 의미를 부정하거나 반대의 뜻을 나타내는 부사 '아니'의 준말이에요. 예) 나는 밥을 안 먹었다.
'않–'은 '아니하–'의 준말로 주로 '(–지) 않다'의 형태로 사용해요. 예) 나는 밥을 먹지 않았다.

5 제시된 동사를 활용하여 '무엇이 무엇을 어찌합니다' 문장을 만들어 보세요.

지안이가 색종이를 **접다**.

지	안	이	가	V	색	종	이	를	V
접	습	니	다	.					

혜빈이가 독서상을 **받다**.

				V					V
			.						

승현이가 티셔츠를 **벗다**.

				V					V
			.						

6 주어진 문장에 꾸미는 말을 넣어 자세하게 표현해 보세요.

지안이가 색종이를 **어떻게** 접습니다.

 지안이가 색종이를 **반듯하게** 접습니다.

형이 **어떤** 만화책을 읽습니다.

학습목표

1. 종결 어미 '-아요'의 위치와 기능을 이해할 수 있다.

2. 형태가 바뀌는 단어의 기본형을 찾을 수 있다.

3. 주어진 단어를 활용하여 문장을 만들 수 있다.

규칙 동사의 활용 분류

어간의 받침	어간의 끝음절 모음		
	ㅗ	ㅏ	'ㅗ, ㅏ'가 아닌 모음
없음	-아요	-요	-어요
있음	-아요	-아요	-어요

- 종결 어미 '-아요'의 위치는?
  - **끝음절이 /ㅗ/인 어간 뒤**에 써요.
  - **끝음절이 /ㅗ/, /ㅏ/이며, 받침 있는 어간 뒤**에 써요.

05 -아요

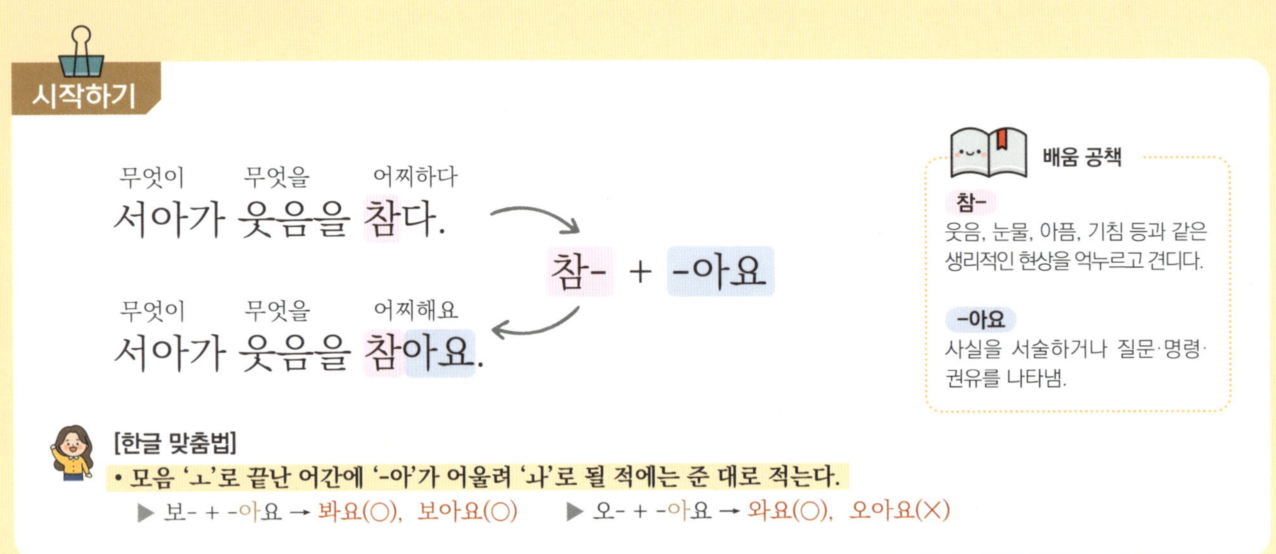

1 아래의 단어 목록을 리듬감 있게 읽어 보세요.

보아요	깎아요	꽂아요	낳아요
놓아요	닫아요	담아요	막아요
밟아요	볶아요	삶아요	쌓아요
앉아요	잡아요	쫓아요	찾아요
와요	나와요	내려와요	물어봐요

20초 동안 정확하게 읽은 단어 _______/20개

2 아래의 문장을 소리 내어 읽고, 바르게 따라 써 보세요.

보다

공주님이 거울을 보아요.

담다

상자에 장난감을 담아요.

놓다

쟁반에 음식과 차를 놓아요.

3 다음 문장의 빈칸에 어울리는 말을 골라 ○표 하세요.

❶ 누나가 냄비에 달걀을 ___________. 삶으면 삶아요

❷ 어려운 문제는 선생님께 ___________. 여쭤봐요 여쭤보다가

❸ 꽃피는 ___________ 와요. 날씨가 봄이

4 파란색으로 표시된 동사를 살펴보고 형태가 바뀌지 않는 부분과 기본형을 써 보세요.

형태가 바뀌지 않는 부분	기본형
찾	찾다

❶ 친구들과 함께 추억을 **쌓아요**.

형태가 바뀌지 않는 부분	기본형

❷ 우리 고장의 모습을 **살펴보아요**.

형태가 바뀌지 않는 부분	기본형

5 제시된 동사를 활용하여 '무엇이 {무엇을} 어찌해요.' 문장을 만들어 보세요.

준영이가 블록 장난감을 **쌓다**.

준	영	이	가	V	블	록	V	장	난
감	을	V	**쌓**	**아**	**요**	.			

①

삼촌이 갓난아기를 **안다**.

				V					V
			.						

②

누나가 귀를 **막다**.

			V			V			

.

6 주어진 문장에 꾸미는 말을 넣어 자세하게 표현해 보세요.

준영이가 블록 장남감을 **어떻게** 쌓아요.

✎ 준영이가 블록 장남감을 **차곡차곡** 쌓아요.

어떤 아이가 엄마를 찾아요.

✎

학습목표

1. 종결 어미 '-어요'의 위치와 기능을 이해할 수 있다.
2. 형태가 바뀌는 단어의 기본형을 찾을 수 있다.
3. 주어진 단어를 활용하여 문장을 만들 수 있다.

규칙 동사의 활용 분류

어간의 받침	어간의 끝음절 모음		
	ㅗ	ㅏ	'ㅗ, ㅏ'가 아닌 모음
없음	-아요	-요	-어요
있음	-아요	-아요	-어요

• 종결 어미 '-어요'의 위치는?
– 받침 유무에 관계없이 끝음절이 /ㅗ/, /ㅏ/가 아닌 어간 뒤에 써요.

06 -어요

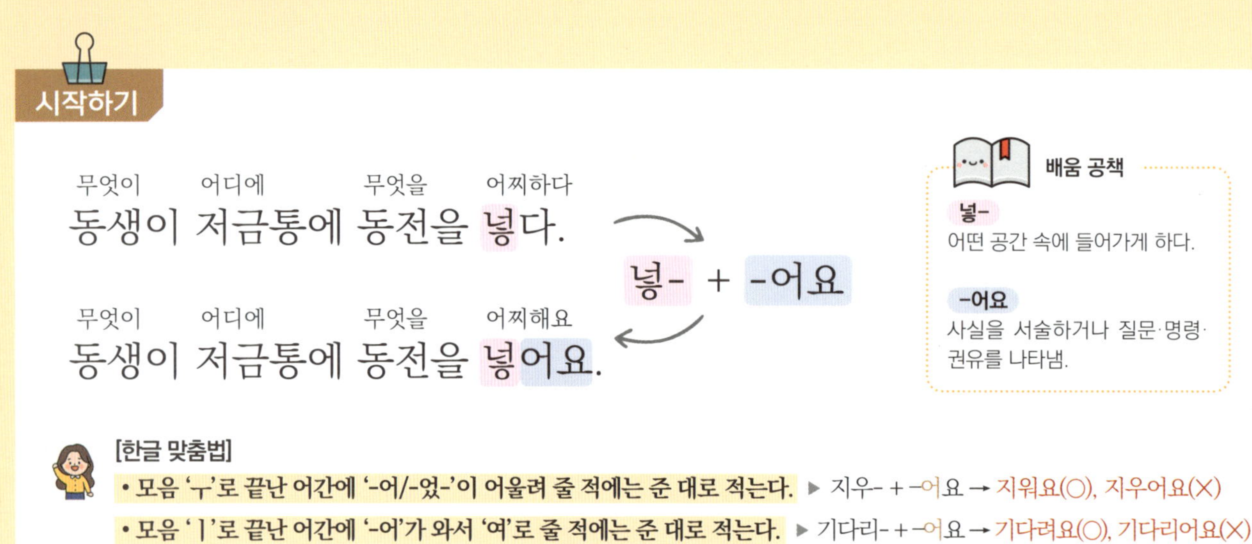

무엇이 어디에 무엇을 어찌하다
동생이 저금통에 동전을 **넣**다.

넣- + -어요

무엇이 어디에 무엇을 어찌해요
동생이 저금통에 동전을 **넣**어요.

배움 공책

넣-
어떤 공간 속에 들어가게 하다.

-어요
사실을 서술하거나 질문·명령·권유를 나타냄.

[한글 맞춤법]
- 모음 'ㅜ'로 끝난 어간에 '-어/-었-'이 어울려 줄 적에는 준 대로 적는다. ▶ 지우- + -어요 → 지워요(○), 지우어요(✕)
- 모음 'ㅣ'로 끝난 어간에 '-어'가 와서 '여'로 줄 적에는 준 대로 적는다. ▶ 기다리- + -어요 → 기다려요(○), 기다리어요(✕)

1 아래의 단어 목록을 리듬감 있게 읽어 보세요.

뛰어요	주어요	쉬어요	먹어요
묶어요	뱉어요	숨어요	신어요
심어요	웃어요	읽어요	집어요
달려요	던져요	바꿔요	버려요
이겨요	지워요	빌려줘요	엎드려요

20초 동안 정확하게 읽은 단어 _______/20개

2 아래의 문장을 소리 내어 읽고, 바르게 따라 써 보세요.

지우다

지우개로 칠판을 지워요.

기다리다

사람들이 차례를 기다려요.

던지다

동생이 윷을 높이 던져요.

3 다음 문장의 빈칸에 어울리는 말을 골라 ○표 하세요.

❶ 학생들이 책가방에 교과서를 ____________. | 넣었더니 | 넣어요 |

❷ 발목을 다친 지민이가 목발을 ____________. | 짚어요 | 집어요 |

❸ 수아가 ____________ 낙서를 지워요. | 지우개로 | 지우개가 |

4 파란색으로 표시된 동사를 살펴보고 형태가 바뀌지 않는 부분과 기본형을 써 보세요.

농부가 논에 모를 **심**어요.

형태가 바뀌지 않는 부분	기본형
심	심다

❶ 알림장에 숙제를 **적어요**.

형태가 바뀌지 않는 부분	기본형

❷ 젓가락으로 반찬을 **집어요**.

형태가 바뀌지 않는 부분	기본형

5 제시된 동사를 활용하여 '무엇이 {무엇에/어디에/누구에게} 무엇을 어찌해요.' 문장을 만들어 보세요.

엄마가 무릎에 아기를 **앉히다**.

엄	마	가	V	무	릎	에	V	아	기
를	V	앉	혀	요	.				

① 

요리사가 프라이팬에 버터를 **녹이다**.

				V					V
		V			.				

② 

아이들이 정원에 꽃을 **심다**.

			V			V	
V			.				

6 주어진 문장에 꾸미는 말을 넣어 자세하게 표현해 보세요.

엄마가 무릎에 **어떤** 아기를 앉혀요.

 엄마가 무릎에 **귀여운** 아기를 앉혀요.

어떤 농부가 논에 모를 심어요.

1. 종결 어미 '-요'의 위치와 기능을 이해할 수 있다.

2. 형태가 바뀌는 단어의 기본형을 찾을 수 있다.

3. 주어진 단어를 활용하여 문장을 만들 수 있다.

규칙 동사의 활용 분류

어간의 받침	어간의 끝음절 모음		
	ㅗ	ㅏ	'ㅗ, ㅏ'가 아닌 모음
없음	-아요	-요	-어요
있음	-아요	-아요	-어요

• 종결 어미 '-요'의 위치는?
– **끝음절이 /ㅏ/, /ㅐ/, /ㅓ/, /ㅔ/인 받침 없는 어간** 뒤에 써요.

07 줄여 적는 '-요'

시작하기

무엇이　　어디에서　　　무엇을　　어찌하다
서아가 도서관에서 친구를 **만나다.**

만나- + -요

무엇이　　어디에서　　　무엇을　　어찌해요
서아가 도서관에서 친구를 **만나요.**

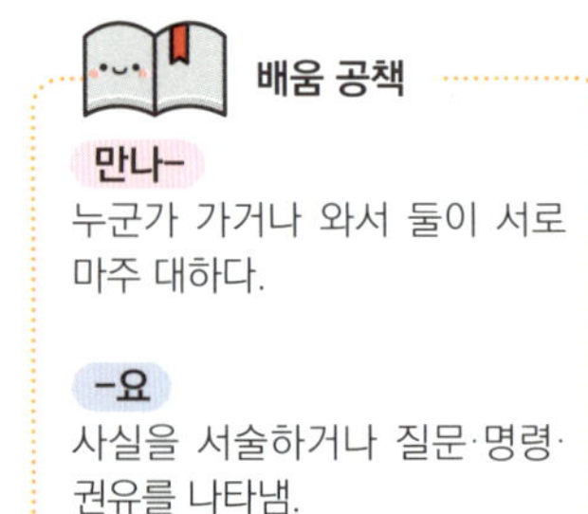
배움 공책

만나-
누군가 가거나 와서 둘이 서로 마주 대하다.

-요
사실을 서술하거나 질문·명령·권유를 나타냄.

[한글 맞춤법]
- 끝음절이 /ㅏ/, /ㅐ/, /ㅓ/, /ㅔ/인 받침 없는 어간 뒤에 쓴다.
  ▶ 사- + -아요 → 사요(○), 사아요(✕)　　▶ 일어서- + -어요 → 일어서요(○), 일어서어요(✕)
- 어간 끝모음 'ㅐ, ㅔ' 뒤에 '-어, -었-'이 결합할 때도 모음이 줄어들 수 있다.

1 아래의 단어 목록을 리듬감 있게 읽어 보세요.

가요	매요	빼요	서요
싸요	자요	재요	차요
타요	건너요	건네요	달래요
설레요	지내요	빛나요	혼나요
걸어가요	살아나요	일어서요	피어나요

20초 동안 정확하게 읽은 단어 _______/20개

2 아래의 문장을 소리 내어 읽고, 바르게 따라 써 보세요.

매다

형이 넥타이를 매요.

일어나다

잠꾸러기가 잠자리에서 일어나요.

짜다

서이가 목도리를 짜요.

3 다음 문장의 빈칸에 어울리는 말을 골라 ○표 하세요.

❶ 서울역에서 고속열차를 ______________.

| 타요 | 타겠지만 |

❷ 지원이가 소풍 전날 가방을 ______________.

| 싸요 | 싸니 |

❸ 요즘 ____________ 지내요?

| 어떻게 | 얼마나 |

4 파란색으로 표시된 동사를 살펴보고 형태가 바뀌지 않는 부분과 기본형을 써 보세요.

친구에게 편지를 보내요.

형태가 바뀌지 않는 부분	기본형
보내	보내다

❶ 양동이에 빗물이 가득 차요.

형태가 바뀌지 않는 부분	기본형

❷ 화장실에서 차례차례 줄을 서요.

형태가 바뀌지 않는 부분	기본형

5 제시된 동사를 활용하여 '무엇이 {어디에서/누구에게서} 무엇을 어찌해요.' 문장을 만들어 보세요.

아이들이 나무에서 귤을 **따다**.

아	이	들	이	V	나	무	에	서	V
귤	을	V	**따**	**요**	.				

① 손님들이 빵집에서 케이크를 **사다**.

				V					V
				V		.			

② 서아가 갯벌에서 조개를 **캐다**.

			V					V	
		V			.				

6 주어진 문장에 꾸미는 말을 넣어 자세하게 표현해 보세요.

아이들이 나무에서 **어떤** 귤을 따요.

아이들이 나무에서 **달콤한** 귤을 따요.

어떤 친구에게 편지를 보내요.

학습목표

1. 선어말 어미 '-았-'의 위치와 기능을 이해할 수 있다.

2. 형태가 바뀌는 단어의 기본형을 찾을 수 있다.

3. 주어진 단어를 활용하여 문장을 만들 수 있다.

규칙 동사의 활용 분류

어간의 받침	어간의 끝음절 모음		
	ㅗ	ㅏ	'ㅗ, ㅏ'가 아닌 모음
없음	-았-	-ㅆ-	-었-
있음	-았-	-았-	-었-

• 선어말 어미 '-았-'의 위치는?

– 받침이 없고, 끝음절의 모음이 /ㅗ/인 어간 뒤에 써요.

– 받침이 있고, 끝음절의 모음이 /ㅗ/, /ㅏ/인 어간 뒤에 써요.

08 -았-

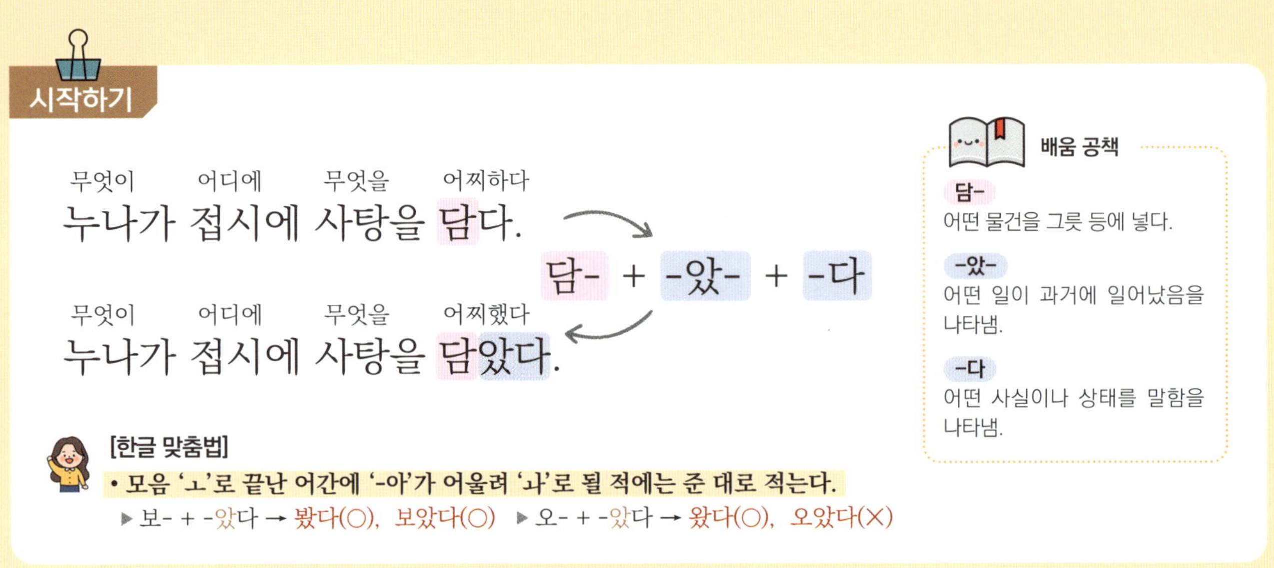

[한글 맞춤법]
• 모음 'ㅗ'로 끝난 어간에 '-아'가 어울려 'ㅘ'로 될 적에는 준 대로 적는다.
▶ 보- + -았다 → 봤다(○), 보았다(○)　▶ 오- + -았다 → 왔다(○), 오았다(✕)

1 아래의 단어 목록을 리듬감 있게 읽어 보세요.

왔다	깎았다	꽂았다	낳았다
놓았다	닦았다	닫았다	담았다
막았다	박았다	볶았다	뽑았다
삶았다	쌓았다	안았다	앉았다
않았다	잡았다	쫓았다	찾았다

20초 동안 정확하게 읽은 단어 ______/20개

2 아래의 문장을 소리 내어 읽고, 바르게 따라 써 보세요.

3 다음 문장의 빈칸에 어울리는 말을 골라 ○표 하세요.

❶ 숨겨진 보물을 __________.

숨었다	찾았다

❷ 아이들은 차곡차곡 블록을 __________.

쌓았다	쌌다

❸ 산에 올라 __________ 내려다보았다.

하늘을	마을을

4 파란색으로 표시된 동사를 살펴보고 형태가 바뀌지 않는 부분과 기본형을 써 보세요.

형태가 바뀌지 않는 부분	기본형
여쭈어보	여쭈어보다

❶ 형은 천으로 안경을 **닦았다**.

형태가 바뀌지 않는 부분	기본형

❷ 나는 친구에게서 도움을 **받았다**.

형태가 바뀌지 않는 부분	기본형

합성 동사 알기

'여쭈어보다'는 '묻다'의 높임 표현인 '여쭈다'와 '보다'가 합쳐져서 만들어진 단어예요. 여쭈어보다(여쭈- + -어 + 보- + -다)와 같은 합성 동사는 단어의 실질적인 의미가 담긴 어근과 어근 사이에 어미(-아/-어)를 넣어 붙여 써요.

5 제시된 동사를 활용하여 '무엇이 {무엇에/어디에/누구에게} 무엇을 어찌했다' 문장을 만들어 보세요.

민석이가 친구에게 돈을 **갚다**.

민	석	이	가	V	친	구	에	게	V
돈	을	V	갚	았	다	.			

❶

윤재가 친구에게 선물을 **받다**.

			V					V	
		V				.			

❷

동생이 책꽂이에 책을 **꽂다**.

			V					V	
	V				.				

6 주어진 문장에 꾸미는 말을 넣어 자세하게 표현해 보세요.

민석이가 친구에게 **어떤** 돈을 갚았다.

민석이가 친구에게 **빌린** 돈을 갚았다.

어떤 선생님께 궁금한 것을 여쭤보았다.

학습목표

1. 선어말 어미 '-었-'의 위치와 기능을 이해할 수 있다.
2. 형태가 바뀌는 단어의 기본형을 찾을 수 있다.
3. 주어진 단어를 활용하여 문장을 만들 수 있다.

규칙 동사의 활용 분류

어간의 받침	어간의 끝음절 모음		
	ㅗ	ㅏ	'ㅗ, ㅏ' 가 아닌 모음
없음	-았-	-ㅆ-	-었-
있음	-았-	-았-	-었-

• 선어말 어미 '-었-'의 위치는?
 - 끝음절의 모음이 /ㅗ/, /ㅏ/가 아닌 어간 뒤에 써요.

09 -었-

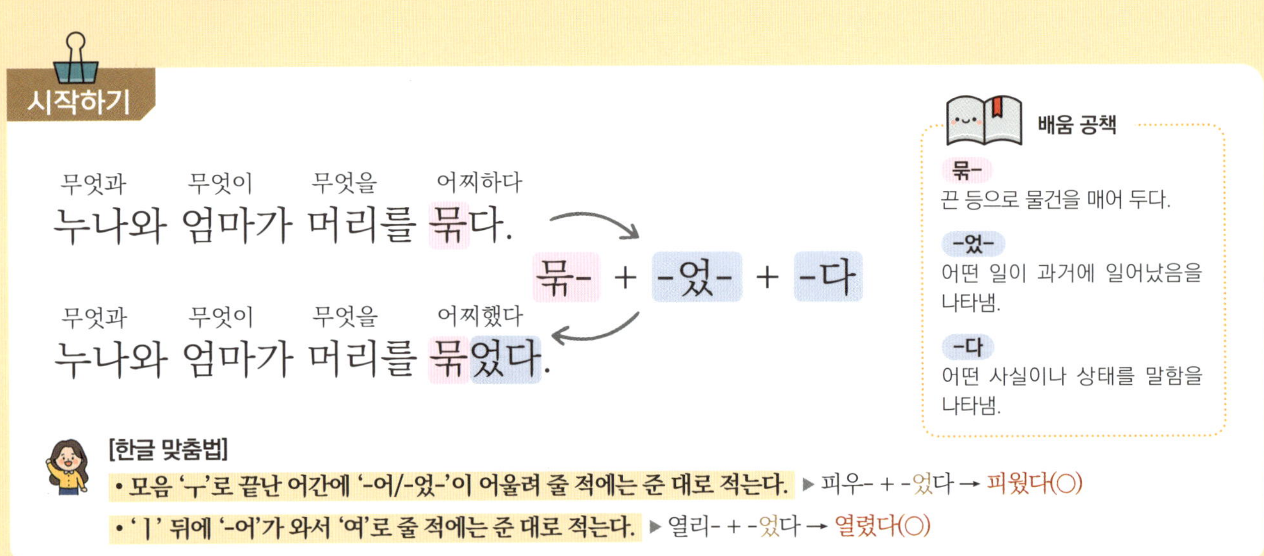

[한글 맞춤법]
• 모음 'ㅜ'로 끝난 어간에 '-어/-었-'이 어울려 줄 적에는 준 대로 적는다. ▶ 피우- + -었다 → 피웠다(○)
• 'ㅣ' 뒤에 '-어'가 와서 '여'로 줄 적에는 준 대로 적는다. ▶ 열리- + -었다 → 열렸다(○)

1 아래의 단어 목록을 리듬감 있게 읽어 보세요.

뛰었다	쉬었다	주었다	튀었다
뜯었다	묶었다	벗었다	심었다
씻었다	웃었다	적었다	찢었다
던졌다	이겼다	기다렸다	엎드렸다
바꿨다	배웠다	지웠다	빌려줬다

20초 동안 정확하게 읽은 단어 ________/20개

2 아래의 문장을 소리 내어 읽고, 바르게 따라 써 보세요.

심다

토마토 모종을 심었다.

피우다

노란꽃을 피웠다.

열리다

초록 토마토가 열렸다.

3 다음 문장의 빈칸에 어울리는 말을 골라 ○표 하세요.

❶ 지난주 금요일에 짝꿍을 ____________.   바꿨다   바뀐다

❷ 일 년 동안 모은 돼지 저금통을 ____________.   뜯었다   뜯을까

❸ 다정이는 유명한 ____________ 되었다.   작가로   작가가

4 파란색으로 표시된 동사를 살펴보고 형태가 바뀌지 않는 부분과 기본형을 써 보세요.

형태가 바뀌지 않는 부분	기본형
넘	넘다

❶ 두 선수는 결승에서 **싸웠다**.

형태가 바뀌지 않는 부분	기본형

❷ 푹신한 풀밭에 누워 **쉬었다**.

형태가 바뀌지 않는 부분	기본형

5 제시된 동사를 활용하여 '무엇이 무엇과 무엇을 어찌했다' 문장을 만들어 보세요.

의사와 간호사가 환자를 **보살피다**.

의	사	와	V	간	호	사	가	V	환
자	를	V	보	살	폈	다	.		

❶

서아가 아빠와 이야기를 **나누다**.

			V				V		
	V					.			

❷

다정이가 빨간색과 노란색을 **섞다**.

				V					V
			V				.		

6 주어진 문장에 꾸미는 말을 넣어 자세하게 표현해 보세요.

의사와 간호사가 **어떤** 환자를 보살폈다.

✎ 의사와 간호사가 **어린** 환자를 보살폈다.

다인이가 뜀틀을 **어떻게** 넘었다.

✎

학습목표

1. 선어말 어미 '-ㅆ-'의 위치와 기능을 이해할 수 있다.
2. 형태가 바뀌는 단어의 기본형을 찾을 수 있다.
3. 주어진 단어를 활용하여 문장을 만들 수 있다.

규칙 동사의 활용 분류

어간의 받침	어간의 끝음절 모음		
	ㅗ	ㅏ	'ㅗ, ㅏ'가 아닌 모음
없음	-았-	-ㅆ-	-었-
있음	-았-	-았-	-었-

• 선어말 어미 '-ㅆ-'의 위치는?
 - **끝음절이 /ㅏ/, /ㅐ/, /ㅓ/, /ㅔ/인 받침 없는 어간 뒤**에 써요.

10 -ㅆ-

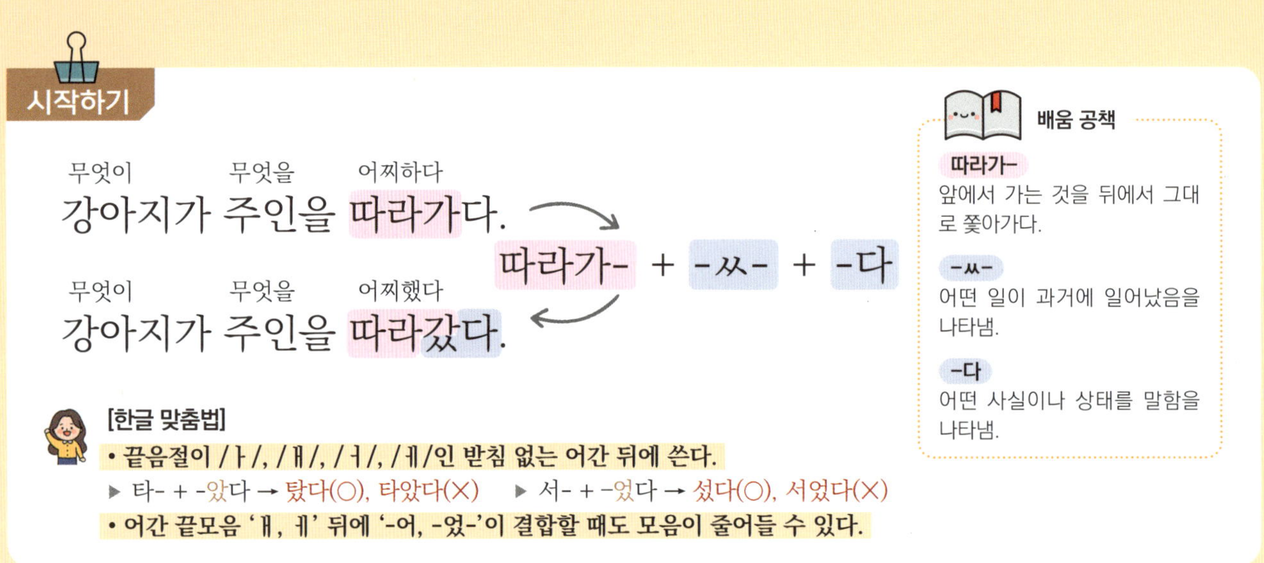

무엇이　　　무엇을　　　어찌하다
강아지가 주인을 **따라가다**.

무엇이　　　무엇을　　　어찌했다
강아지가 주인을 **따라갔다**.

따라가- + -ㅆ- + -다

배움 공책

따라가-
앞에서 가는 것을 뒤에서 그대로 쫓아가다.

-ㅆ-
어떤 일이 과거에 일어났음을 나타냄.

-다
어떤 사실이나 상태를 말함을 나타냄.

[한글 맞춤법]
- 끝음절이 /ㅏ/, /ㅐ/, /ㅓ/, /ㅔ/인 받침 없는 어간 뒤에 쓴다.
  - ▶ 타- + -았다 → 탔다(○), 타았다(✕)　　▶ 서- + -었다 → 섰다(○), 서었다(✕)
- 어간 끝모음 'ㅐ, ㅔ' 뒤에 '-어, -었-'이 결합할 때도 모음이 줄어들 수 있다.

1 아래의 단어 목록을 리듬감 있게 읽어 보세요.

갔다	섰다	땄다	샀다
쌌다	잤다	짰다	찼다
탔다	팠다	건넜다	나갔다
달렸다	떠났다	바랐다	빛났다
설렜다	신났다	지냈다	일어섰다

20초 동안 정확하게 읽은 단어 ________/20개

2 아래의 문장을 소리 내어 읽고, 바르게 따라 써 보세요.

파다

우리는 삽으로 구덩이를 팠다.

타다

아이들은 놀이공원에서 회전목마를 탔다.

나가다

누나는 강아지와 산책을 나갔다.

3 다음 문장의 빈칸에 어울리는 말을 골라 ◯표 하세요.

❶ 우리 가족은 강원도로 여행을 __________.

떠낫다	떠났다

❷ 엄마는 다정이가 건강하기를 __________.

바랐다	바랬다

❸ 두더지가 __________ 팠다.

땅을	열심히

4 파란색으로 표시된 동사를 살펴보고 형태가 바뀌지 않는 부분과 기본형을 써 보세요.

보기

하굣길에 비를 **만났다**.

형태가 바뀌지 않는 부분	기본형
만나	만나다

❶ 동생은 놀이터에서 그네를 **탔다**.

형태가 바뀌지 않는 부분	기본형

❷ 골문을 향해 공을 **찼다**.

형태가 바뀌지 않는 부분	기본형

5 제시된 동사를 활용하여 '무엇이 무엇을 어찌했다' 문장을 만들어 보세요.

아이들이 횡단보도를 **건너다**.

아	이	들	이	V	횡	단	보	도	를	V
건	넜	다	.							

① 예원이가 손목시계를 **차다**.

				V						V
		.								

② 형이 여행 가방을 **싸다**.

			V			V			V	
		.								

6 주어진 문장에 꾸미는 말을 넣어 자세하게 표현해 보세요.

아이들이 횡단보도를 **어떻게** 건넜다.

아이들이 횡단보도를 **안전하게** 건넜다.

하굣길에 **어떤** 비를 만났다.

학습목표

1. 선어말 어미 '-겠-'의 위치와 기능을 이해할 수 있다.

2. 형태가 바뀌는 단어의 기본형을 찾을 수 있다.

3. 주어진 단어를 활용하여 문장을 만들 수 있다.

규칙 동사의 활용 분류

어간의 받침	어간의 끝음절 모음		
	ㅗ	ㅏ	'ㅗ, ㅏ'가 아닌 모음
없음	-겠-	-겠-	-겠-
있음	-겠-	-겠-	-겠-

- 선어말 어미 '-겠-'의 위치는?
  - 모음의 종류와 관계없이 **모든 어간 뒤**에 써요.

11 -겠-

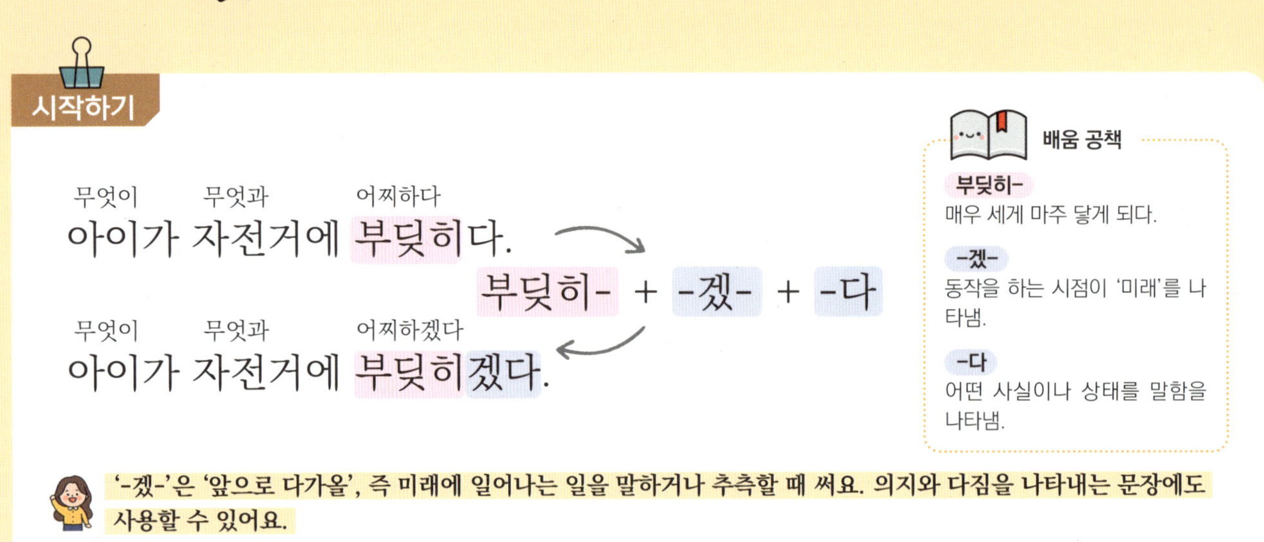

'-겠-'은 '앞으로 다가올', 즉 미래에 일어나는 일을 말하거나 추측할 때 써요. 의지와 다짐을 나타내는 문장에도 사용할 수 있어요.

1 아래의 단어 목록을 리듬감 있게 읽어 보세요.

까겠다	따겠다	싸겠다	쏘겠다
주겠다	켜겠다	넘기겠다	키우겠다
기다리겠다	일어나겠다	갚겠다	깎겠다
놓겠다	덮겠다	뜯겠다	뽑겠다
숨겠다	않겠다	찍겠다	빼앗겠다

20초 동안 정확하게 읽은 단어 ________/20개

2 아래의 문장을 소리 내어 읽고, 바르게 따라 써 보세요.

나오다

오늘은 맛있는 간식이 나오겠다.

일어나다

내일부터 일찍 일어나겠다.

이기다

상대팀을 꼭 이기겠다.

3 다음 문장의 빈칸에 어울리는 말을 골라 ◯표 하세요.

❶ 어버이날에 할머니께 카네이션을 __________. 주겠다 드리겠다

❷ 5분 뒤면 버스가 __________. 왔다 오겠다

❸ 하늘을 보니 곧 __________ 내리겠어. 비도 비가

4 파란색으로 표시된 동사를 살펴보고 형태가 바뀌지 않는 부분과 기본형을 써 보세요.

다음주면 꽃이 **피**겠다.

형태가 바뀌지 않는 부분	기본형
피	피다

❶ 앞으로는 일찍 **자겠다**.

형태가 바뀌지 않는 부분	기본형

❷ 네 꿈이 이루어지기를 **바라겠다**.

형태가 바뀌지 않는 부분	기본형

5 제시된 동사를 활용하여 '무엇이 무엇과 어찌하겠다' 문장을 만들어 보세요.

밥과 반찬이 **남다**.

밥	과	V	반	찬	이	V	남	겠	다	.

보민이가 영웅이와 **싸우다**.

				V					V
			.						

빨간 구두가 드레스와 **어울리다**.

		V			V		
	V					.	

6 주어진 문장에 꾸미는 말을 넣어 자세하게 표현해 보세요.

밥과 반찬이 **어떻게** 남겠다.

밥과 반찬이 **그대로** 남겠다.

다음주면 **어떤** 꽃이 피겠다.

학습목표

1. 선어말 어미 '-시-'의 위치와 기능을 이해할 수 있다.
2. 형태가 바뀌는 단어의 기본형을 찾을 수 있다.
3. 주어진 단어를 활용하여 문장을 만들 수 있다.

규칙 동사의 활용 분류

어간의 받침	어간의 끝음절 모음		
	ㅗ	ㅏ	'ㅗ, ㅏ' 가 아닌 모음
없음	-시-	-시-	-시-
있음	-으시-	-으시-	-으시-

- 선어말 어미 '-시-'의 위치는?
  – 모음의 종류와 관계없이 **받침이 없는 어간 뒤**에 써요.

12 -시-

무엇이 　무엇을 　무엇으로 　어찌하다
선생님께서 음악 수업을 3교시로 **미루다**.

미루- + -시- + -다

무엇이 　무엇을 　무엇으로 　어찌하시다
선생님께서 음악 수업을 3교시로 **미루시다**.

- '-시-'는 어떤 동작이나 상태의 인물을 높이는 뜻으로 써요.
- 동사 '자다'는 높임말 '주무시다'로 표현해요.

배움 공책

미루-
일이나 정해진 때를 나중으로 넘기다.

-시-
어떤 동작이나 상태의 인물을 높이는 뜻을 나타냄.

-다
어떤 사실이나 상태를 말함을 나타냄.

1 아래의 단어 목록을 리듬감 있게 읽어 보세요.

가시다	보시다	오시다	주시다
재시다	타시다	펴시다	가지시다
건네시다	나가시다	놀라시다	만나시다
배우시다	잡수시다	주무시다	지내시다
가르치시다	기다리시다	도와주시다	일어나시다

20초 동안 정확하게 읽은 단어 ________/20개

2 아래의 문장을 소리 내어 읽고, 바르게 따라 써 보세요.

오다

큰이모께서 우리 집에
오시다.

달리다

교장 선생님께서 공원을
달리시다.

그리다

어르신들께서 그림을
배우시다.

3 다음 문장의 빈칸에 어울리는 말을 골라 ◯표 하세요.

❶ 아버지께서는 새벽에 자전거를 __________ . 　타신다　　탄다

❷ 교장 선생님께서 꽃밭에 물을 __________ . 　주어라　　주시다

❸ 보건 선생님께서 __________ 붙여 주셨다. 　반창고를　　아픈 곳에

4 파란색으로 표시된 동사를 살펴보고 형태가 바뀌지 않는 부분과 기본형을 써 보세요.

형태가 바뀌지 않는 부분	기본형
기다리	기다리다

❶ 미국에 사시는 이모가 한국에
오시다.

형태가 바뀌지 않는 부분	기본형

❷ 선생님께서 학생들을
가르치시다.

형태가 바뀌지 않는 부분	기본형

선어말 어미 알기
높임을 나타내는 '-시-/-으시-' 와 시제를 나타내는 '-았-', '-는-', '-겠-'과 같은 말을 선어말 어미라고 해요.
선어말 어미의 '선(先)'에는 '먼저'라는 뜻이 담겨 있어요. 따라서 선어말 어미 다음에는 '-다', '-요', '-까'와 같은 어말 어미를 써야 해요.
예) 기다리시다(기다리- + -시- + -다)

5 제시된 동사를 활용하여 '무엇이 무엇을 {무엇으로/어디로} 어찌하시다' 문장을 만들어 보세요.

할머니께서 사과를 반으로 **나누다**.

할	머	니	께	서	V	사	과	를	V
반	으	로	V	**나**	**누**	**시**	**다**	.	

① 

선생님께서 칠판을 손으로 **가리키다**.

					V				V
			V					.	

② 

아버지께서 호미로 고구마를 **캐다**.

					V				V
			V					.	

6 주어진 문장에 꾸미는 말을 넣어 자세하게 표현해 보세요.

할머니께서 **어떤** 사과를 반으로 나누시다.

할머니께서 **빨간** 사과를 반으로 나누시다.

부모님께서 형의 편지를 **어떻게** 기다리시다.

학습목표

1. 선어말 어미 '-으시-'의 위치와 기능을 이해할 수 있다.
2. 형태가 바뀌는 단어의 기본형을 찾을 수 있다.
3. 주어진 단어를 활용하여 문장을 만들 수 있다.

규칙 동사의 활용 분류

어간의 받침	어간의 끝음절 모음		
	ㅗ	ㅏ	'ㅗ, ㅏ' 가 아닌 모음
없음	-시-	-시-	-시-
있음	-으시-	-으시-	-으시-

- 선어말 어미 '-으시-'의 위치는?
  - 모음의 종류와 관계없이 **받침이 있는 어간 뒤**에 써요.

13 -으시-

무엇이 　무엇을 　무엇으로 　어찌하다
아버지께서 젓가락으로 반찬을 집다.

집- + -으시- + -다

무엇이 　무엇을 　무엇으로 　어찌하시다
아버지께서 젓가락으로 반찬을 집으시다.

배움 공책

집-
젓가락이나 집게와 같은 도구로 물건을 잡아서 들다.

-으시-
어떤 동작이나 상태의 인물을 높이는 뜻을 나타냄.

-다
어떤 사실이나 상태를 말함을 나타냄.

- '-으시-'는 어떤 동작이나 상태의 인물을 높이는 뜻으로 써요.
- 동사 '먹다'는 높임말 '드시다, 잡수다'로 표현해요.

1 아래의 단어 목록을 리듬감 있게 읽어 보세요.

감으시다	갚으시다	겪으시다	깎으시다
놓으시다	늦으시다	닫으시다	뜯으시다
믿으시다	받으시다	신으시다	쌓으시다
씻으시다	앉으시다	웃으시다	읽으시다
적으시다	짚으시다	찍으시다	찾으시다

20초 동안 정확하게 읽은 단어 ＿＿＿＿/20개

2 아래의 문장을 소리 내어 읽고, 바르게 따라 써 보세요.

읽다

삼촌께서 소설을 읽으시다.

받다

할머니께서 꽃을 받으시다.

쓰다듬다

아저씨께서 쿠키를 쓰다듬으시다.

3 다음 문장의 빈칸에 어울리는 말을 골라 ○표 하세요.

❶ 아주머니께서 창문을 ___________. 　　　닫는다　　　닫으신다

❷ 정원사 아저씨께서 잔디를 ___________. 　　　깎으시다　　　깎지

❸ 할아버지께서 ___________ 짚으신다. 　　　지팡이를　　　지팡이에

4 파란색으로 표시된 동사를 살펴보고 형태가 바뀌지 않는 부분과 기본형을 써 보세요.

보기

할머니께서 전화를 **받**으시다.

형태가 바뀌지 않는 부분	기본형
받	받다

❶ 이모부께서 상자를 **쌓으시다**.

형태가 바뀌지 않는 부분	기본형

❷ 선생님께서 편지 봉투를 **뜯으시다**.

형태가 바뀌지 않는 부분	기본형

5 제시된 동사를 활용하여 '무엇이 무엇을 {무엇으로/어디로} 어찌하시다' 문장을 만들어 보세요.

할아버지께서 카메라로 사진을 **찍다**.

할	아	버	지	께	서	V	카	메	라
로	V	사	진	을	V	찍	으	시	다	.

① 어머니께서 행주로 선반을 **닦다**.

					V			V
		V					.	

② 부모님께서 비누로 손을 **씻다**.

				V			V
		V				.	

6 주어진 문장에 꾸미는 말을 넣어 자세하게 표현해 보세요.

할아버지께서 카메라로 **어떤** 사진을 찍으시다.

할아버지께서 카메라로 **멋진** 사진을 찍으시다.

할머니께서 **어떤** 전화를 받으시다.

확인 학습

1 다음 문장에서 파란색으로 쓰인 동사의 기본형을 찾아 보세요.

❶ 다은이는 수요일마다 컴퓨터 교실에 갑니다.

　 서아는 다은이의 예쁜 학용품에 눈길이 갔습니다.

　 다은아, 내일 연극 공연 갈래?

　　　　　　　　　　　　　　　　　정답 : _______________________

❷ 발표할 차례가 되니 가슴이 콩닥콩닥 뛰었다.

　 다섯 명의 학생들이 결승선을 향해 뜁니다.

　 이 일을 민호가 알면 화를 내며 펄펄 뛰겠어.

　　　　　　　　　　　　　　　　　정답 : _______________________

❸ 식사 전에 흐르는 물에 15초 동안 손을 닦습니다.

　 식사 후에는 즉시 이를 닦는다.

　 방에 먼지가 많으니 구석구석 닦자.

　　　　　　　　　　　　　　　　　정답 : _______________________

2 다음 문장에 어울리는 말을 골라 ○표 하세요.

❶ 지난주 음악 시간에 리코더를 (배웠다, 배우겠다).

❷ 개구리는 날씨가 추워지면 겨울잠을 (잔다, 잤다).

❸ "뛰지 말아라. 그러다가 (넘어지겠다, 넘어질까)."

❹ 머리가 많이 자라서 어제 미용실에 가서 (깎는다, 깎았다).

❺ 봄이는 동생을 놀래 주려고 책상 아래로 (숨으셨다, 숨었다).

3 다음 문장에 어울리지 않는 말에 밑줄 긋고 바르게 고쳐 보세요.

❶ 어제 학교에서 상을 받을 것이다.   정답 : _______________________

❷ 할머니께서 차를 탄다.   정답 : _______________________

❸ 막내는 유치원에 다니신다.   정답 : _______________________

❺ 우리 가족은 내일 미국으로 떠났다.   정답 : _______________________

❻ 다은아, 나랑 같이 밥 먹어라.   정답 : _______________________

타다[타다]

불씨나 높은 열로 불꽃이 일어나거나 불이 붙어 번지다.

형태가 바뀌지 않는 부분	형태가 바뀌는 부분	활용형
타-	-아요	타요
	-ㄴ다	

배우다[배우다]

새로운 지식을 얻다.

형태가 바뀌지 않는 부분	형태가 바뀌는 부분	활용형
배우-	-어요	배워요
	-ㅂ니다	

앉다[안따]

윗몸을 바로 한 상태에서 엉덩이에 몸무게를 실어 다른 물건이나 바닥에 몸을 올려놓다.

형태가 바뀌지 않는 부분	형태가 바뀌는 부분	활용형
앉-	-았다	앉았다
	-는다	

❹

섞다[석따]

두 가지 이상의 것을 한데 합치다.

형태가 바뀌지 않는 부분	형태가 바뀌는 부분	활용형
섞-	-었다	섞었다
	-습니다	

낱말퍼즐
단어를 맞추세요

볽

밥

강

지

기

팔

트

학습목표

1. 종결 어미 '-니'의 위치와 기능을 이해할 수 있다.

2. 형태가 바뀌는 단어의 기본형을 찾을 수 있다.

3. 주어진 단어를 활용하여 문장을 만들 수 있다.

규칙 동사의 활용 분류

어간의 받침	어간의 끝음절 모음		
	ㅗ	ㅏ	'ㅗ, ㅏ'가 아닌 모음
없음	-니	-니	-니
있음	-니	-니	-니

• 종결 어미 '-니'의 위치는?

– 모음의 종류와 관계없이 **모든 어간 뒤**에 써요.

14 -니

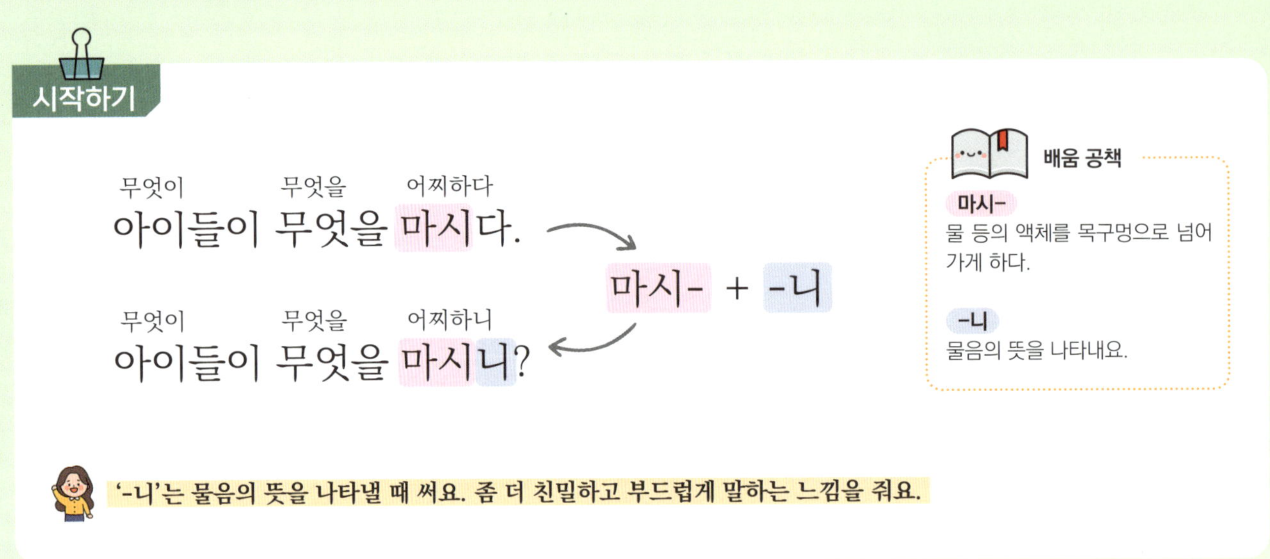

'-니'는 물음의 뜻을 나타낼 때 써요. 좀 더 친밀하고 부드럽게 말하는 느낌을 줘요.

1 아래의 단어 목록을 리듬감 있게 읽어 보세요.

가니	따니	사니	자니
차니	그리니	넘기니	마시니
가르치니	기다리니	낳니	놓니
닫니	먹니	묶니	밟니
숨니	웃니	접니	쫓니

20초 동안 정확하게 읽은 단어 ________/20개

2 아래의 문장을 소리 내어 읽고, 바르게 따라 써 보세요.

키우다　　　**떠나다**　　　**빼앗다**

아이들이 물고기를 키우니?　　　가족과 어디로 여행을 떠나니?　　　너는 왜 동생 인형을 빼앗니?

3 다음 문장의 빈칸에 어울리는 말을 골라 ○표 하세요.

❶ 누구를 ______________ ?

| 기다리다 | 기다리니 |

❷ 시은아, 뭐 ______________ ?

| 마시니 | 마셨구나 |

❸ 종이비행기는 ______________ 접니?

| 어떻게 | 어떤 |

4 파란색으로 표시된 동사를 살펴보고 형태가 바뀌지 않는 부분과 기본형을 써 보세요.

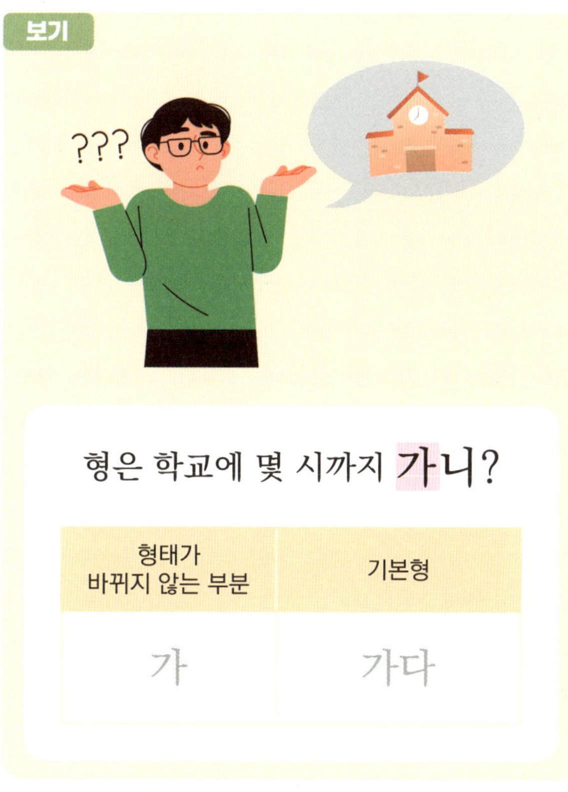

형태가 바뀌지 않는 부분	기본형
가	가다

❶ 오늘 점심은 뭐 **먹니?**

형태가 바뀌지 않는 부분	기본형

❷ 쪽지에 뭘 **적니?**

형태가 바뀌지 않는 부분	기본형

5 주어진 낱말을 '-니'형태로 바꾸고, 그림에 어울리는 문장을 만들어 보세요.

6 주어진 문장에 꾸미는 말을 넣어 자세하게 표현해 보세요.

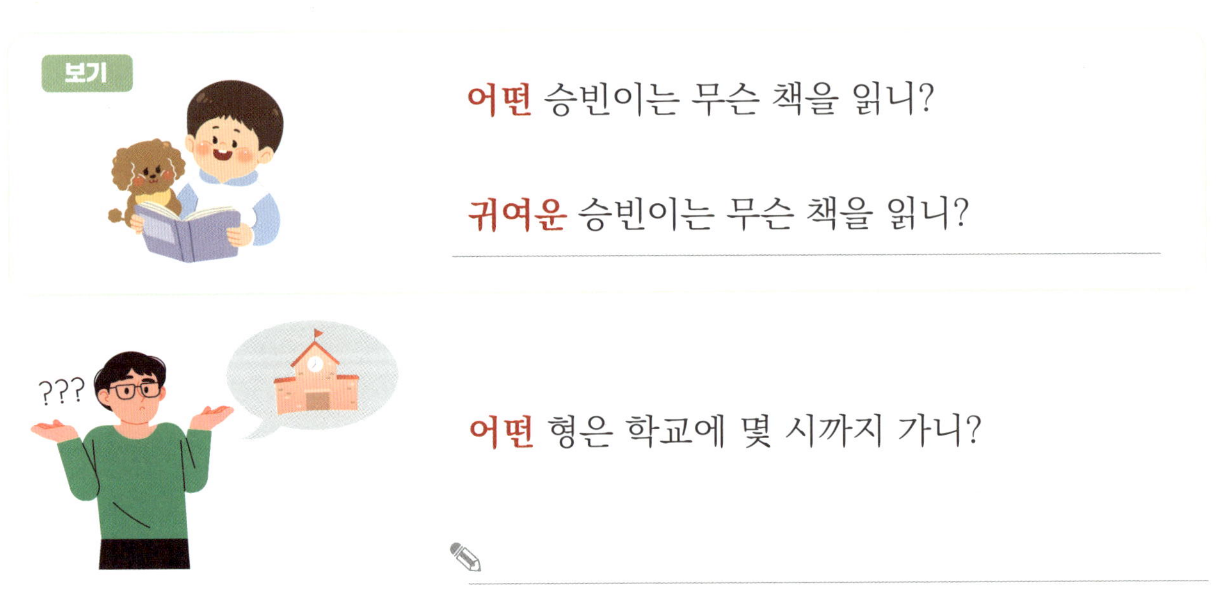

학습목표

1. 종결 어미 '-ㄹ까'의 위치와 기능을 이해할 수 있다.
2. 형태가 바뀌는 단어의 기본형을 찾을 수 있다.
3. 주어진 단어를 활용하여 문장을 만들 수 있다.

규칙 동사의 활용 분류

어간의 받침	어간의 끝음절 모음		
	ㅗ	ㅏ	'ㅗ, ㅏ'가 아닌 모음
없음	-ㄹ까	-ㄹ까	-ㄹ까
있음	-을까	-을까	-을까

• 종결 어미 '-ㄹ까'의 위치는?
– 모음의 종류와 관계없이 **받침 없는 어간 뒤**에 써요.

15 -ㄹ까

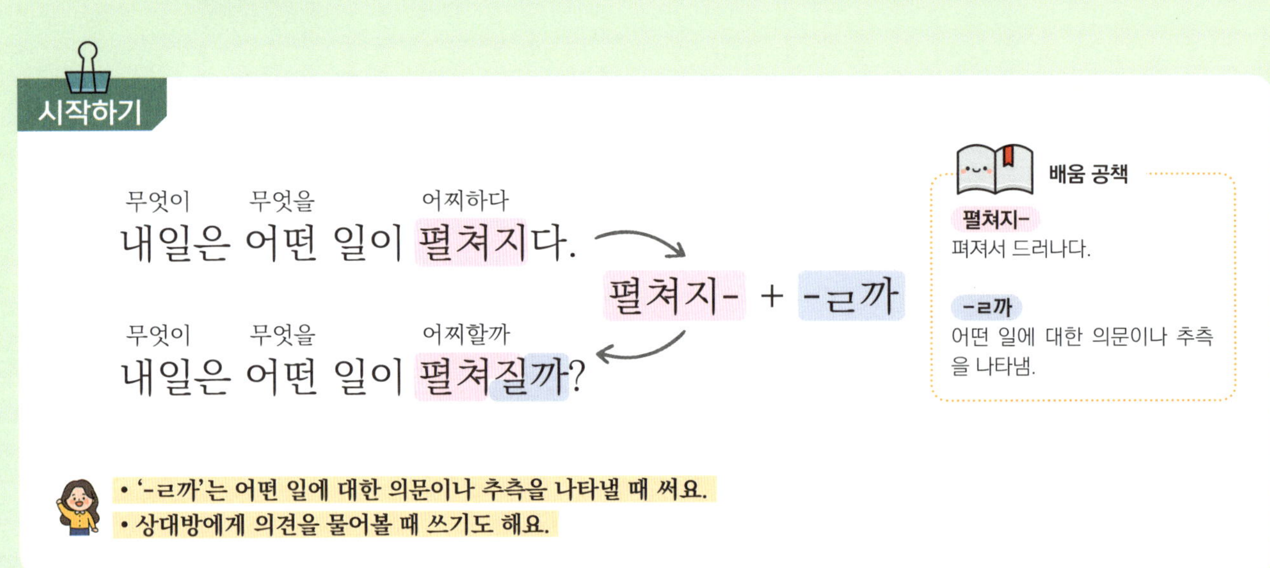

- '-ㄹ까'는 어떤 일에 대한 의문이나 추측을 나타낼 때 써요.
- 상대방에게 의견을 물어볼 때 쓰기도 해요.

1 아래의 단어 목록을 리듬감 있게 읽어 보세요.

갈까	뛸까	쉴까	잘까
출까	탈까	그릴까	나갈까
나올까	달릴까	던질까	바꿀까
비출까	자랄까	치울까	도와줄까
물어볼까	엎드릴까	일어설까	피어날까

20초 동안 정확하게 읽은 단어 _______ /20개

2 아래의 문장을 소리 내어 읽고, 바르게 따라 써 보세요.

바꾸다

푹신한 의자로 바꿀까?

배우다

어떤 운동을 배울까?

자라다

선인장은 어디에서 잘 자랄까?

3 다음 문장의 빈칸에 어울리는 말을 골라 ○표 하세요.

❶ 꿀벌도 겨울잠을 _____________ ? 　　잤다　　잘까

❷ 지은아, 놀이터에서 _____________ ? 　　만날까　　만나겠다

❸ 크리스마스에 _________ 내릴까? 　　펑펑　　눈이

4 파란색으로 표시된 동사를 살펴보고 형태가 바뀌지 않는 부분과 기본형을 써 보세요.

형태가 바뀌지 않는 부분	기본형
나가	나가다

❶ 공을 더 높이 던질까?

형태가 바뀌지 않는 부분	기본형

❷ 오늘은 일찍 잘까?

형태가 바뀌지 않는 부분	기본형

5 주어진 낱말을 '-ㄹ까' 형태로 바꾸고, 그림에 어울리는 문장을 만들어 보세요.

6 주어진 문장에 꾸미는 말을 넣어 자세하게 표현해 보세요.

1. 종결 어미 '-을까'의 위치와 기능을 이해할 수 있다.

2. 형태가 바뀌는 단어의 기본형을 찾을 수 있다.

3. 주어진 단어를 활용하여 문장을 만들 수 있다.

규칙 동사의 활용 분류

어간의 받침	어간의 끝음절 모음		
	ㅗ	ㅏ	'ㅗ, ㅏ'가 아닌 모음
없음	-ㄹ까	-ㄹ까	-ㄹ까
있음	-을까	-을까	-을까

• 종결 어미 '-을까'의 위치는?
– 모음의 종류와 관계없이 **받침 있는 어간 뒤**에 써요.

무엇을   어떻게   어찌하다
블록을 더 높이 **쌓다**

무엇을   어떻게   어찌할까
블록을 더 높이 **쌓을까**

쌍- + -을까

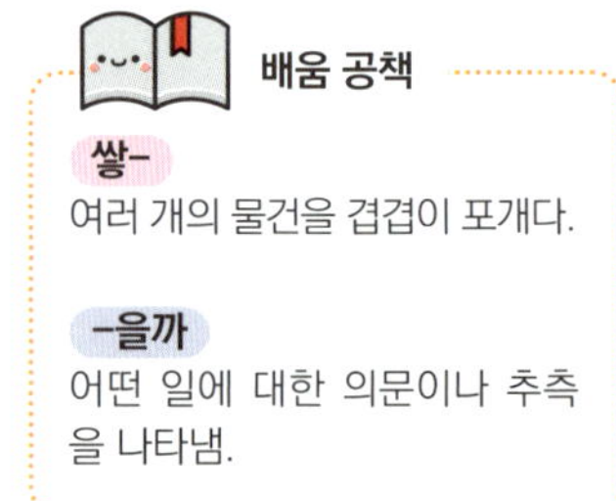

- '-을까'는 어떤 일에 대한 의문이나 추측을 나타낼 때 써요.
- 상대방에게 의견을 물어볼 때 쓰기도 해요.

1 아래의 단어 목록을 리듬감 있게 읽어 보세요.

깎을까	꽂을까	닦을까	막을까
박을까	뱉을까	벗을까	삶을까
신을까	심을까	쌓을까	씹을까
안을까	업을까	읽을까	찍을까
찢을까	찾을까	빼앗을까	쓰다듬을까

20초 동안 정확하게 읽은 단어 _______/20개

2 아래의 문장을 소리 내어 읽고, 바르게 따라 써 보세요.

어느 자리에 앉을까?   점심시간에 무엇을 먹을까?   색종이로 비행기를 접을까?

3 다음 문장의 빈칸에 어울리는 말을 골라 ○표 하세요.

❶ 관람차 앞에서 사진 ______________? 찍을까 찍겠다

❷ 텃밭에 상추와 토마토를 ______________? 심었군 심을까

❸ 소풍 갈 때는 어떤 __________ 신을까? 신발을 신발로

4 파란색으로 표시된 동사를 살펴보고 형태가 바뀌지 않는 부분과 기본형을 써 보세요.

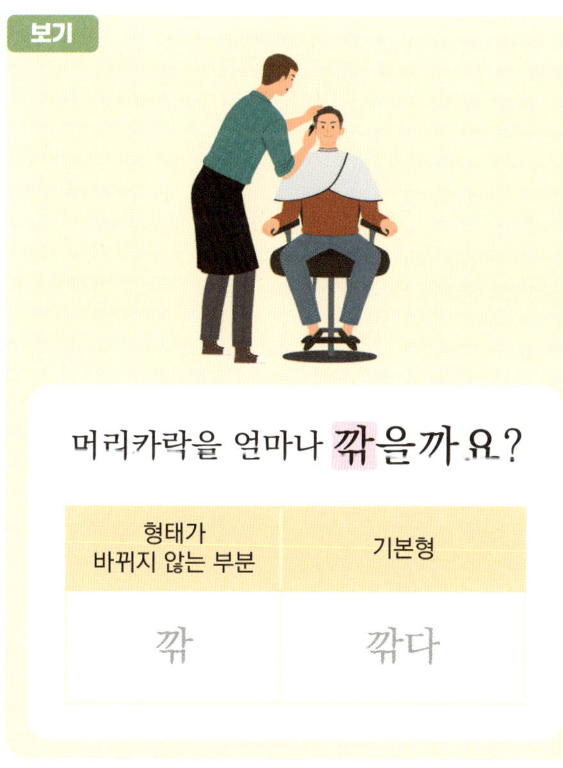

형태가 바뀌지 않는 부분	기본형
깎	깎다

❶ 언제 진료를 받을까?

형태가 바뀌지 않는 부분	기본형

❷ 고추장을 넣어 매콤하게 볶을까?

형태가 바뀌지 않는 부분	기본형

보조사 '-요' 알기
종결 어미 뒤에 붙어서 듣는 사람을 높이는 뜻을 나타내요.
예) "머리카락을 얼마나 깎을까요?", "1센티미터요."

5 주어진 낱말을 '–을까' 형태로 바꾸고, 그림에 어울리는 문장을 만들어 보세요.

보기

입다　　입을까

오늘은 드레스를 입을까?

① 넣다

② 적다

6 주어진 문장에 꾸미는 말을 넣어 자세하게 표현해 보세요.

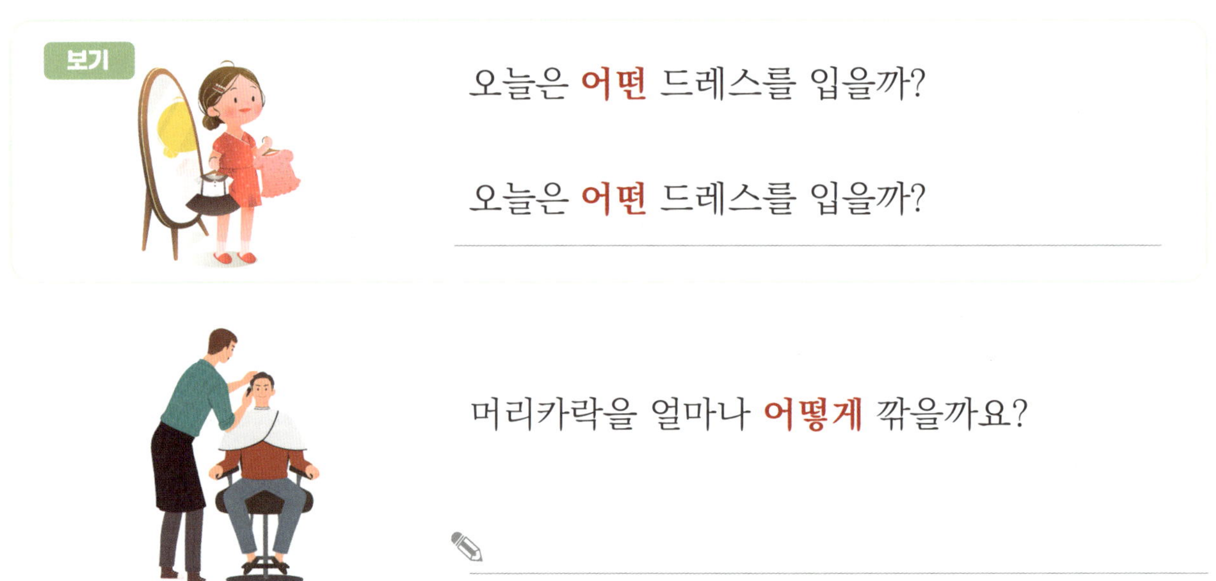

보기

오늘은 **어떤** 드레스를 입을까?

오늘은 **어떤** 드레스를 입을까?

머리카락을 얼마나 **어떻게** 깎을까요?

학습목표

1. 종결 어미 '–아라'의 위치와 기능을 이해할 수 있다.

2. 형태가 바뀌는 단어의 기본형을 찾을 수 있다.

3. 주어진 단어를 활용하여 문장을 만들 수 있다.

규칙 동사의 활용 분류

어간의 받침	어간의 끝음절 모음		
	ㅗ	ㅏ	'ㅗ, ㅏ'가 아닌 모음
없음	–아라	–라	–어라
있음	–아라	–아라	–어라

• 종결 어미 '–아라'의 위치는?

– **받침이 없고, 끝음절의 모음이 /ㅗ/인 어간** 뒤에 써요.

– **받침이 있고, 끝음절의 모음이 /ㅗ/, /ㅏ/인 어간** 뒤에 써요.

17 -아라

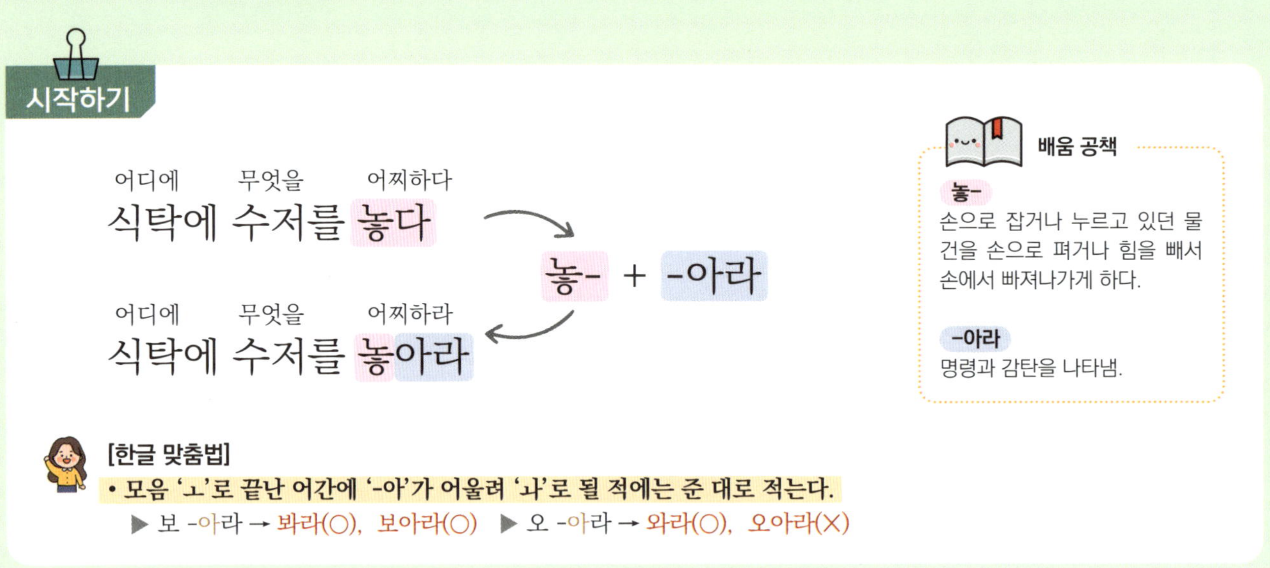

1 아래의 단어 목록을 리듬감 있게 읽어 보세요.

감아라	깎아라	꽂아라	놓아라
닦아라	닫아라	담아라	막아라
받아라	볶아라	뽑아라	삶아라
쌓아라	안아라	잡아라	쫓아라
봐라	와라	나와라	물어봐라

20초 동안 정확하게 읽은 단어 ________/20개

2 아래의 문장을 소리 내어 읽고, 바르게 따라 써 보세요.

3 다음 문장의 빈칸에 어울리는 말을 골라 ○표 하세요.

❶ 그네를 탈 때는 좌석 가운데에 ___________.　　안아라　　앉아라

❷ 손잡이를 꽉 ___________.　　잡아라　　잡았니

❸ 다 읽은 책은 _________ 꽂아라.　　제자리에서　　제자리에

4 파란색으로 표시된 동사를 살펴보고 형태가 바뀌지 않는 부분과 기본형을 써 보세요.

형태가 바뀌지 않는 부분	기본형
담	담다

❶ 연습을 통해 실력을 쌓아라.

형태가 바뀌지 않는 부분	기본형

❷ 밖으로 나와라.

형태가 바뀌지 않는 부분	기본형

5 주어진 낱말을 '-아라' 형태로 바꾸고, 그림에 어울리는 문장을 만들어 보세요.

보기

감다   감아라

모두 눈을 감아라.

① 닫다

② 참다

6 주어진 문장에 꾸미는 말을 넣어 자세하게 표현해 보세요.

보기

모두 **어떻게** 눈을 감아라.

모두 **지긋이** 눈을 감아라.

쓰레기는 봉투에 **어떻게** 담아라.

학습목표

1. 종결 어미 '-어라'의 위치와 기능을 이해할 수 있다.
2. 형태가 바뀌는 단어의 기본형을 찾을 수 있다.
3. 주어진 단어를 활용하여 문장을 만들 수 있다.

규칙 동사의 활용 분류

어간의 받침	어간의 끝음절 모음		
	ㅗ	ㅏ	'ㅗ, ㅏ'가 아닌 모음
없음	-아라	-라	-어라
있음	-아라	-아라	-어라

• 종결 어미 '-어라'의 위치는?
 – **끝음절의 모음이 /ㅗ/, /ㅏ/가 아닌 어간 뒤**에 써요.

18 -어라

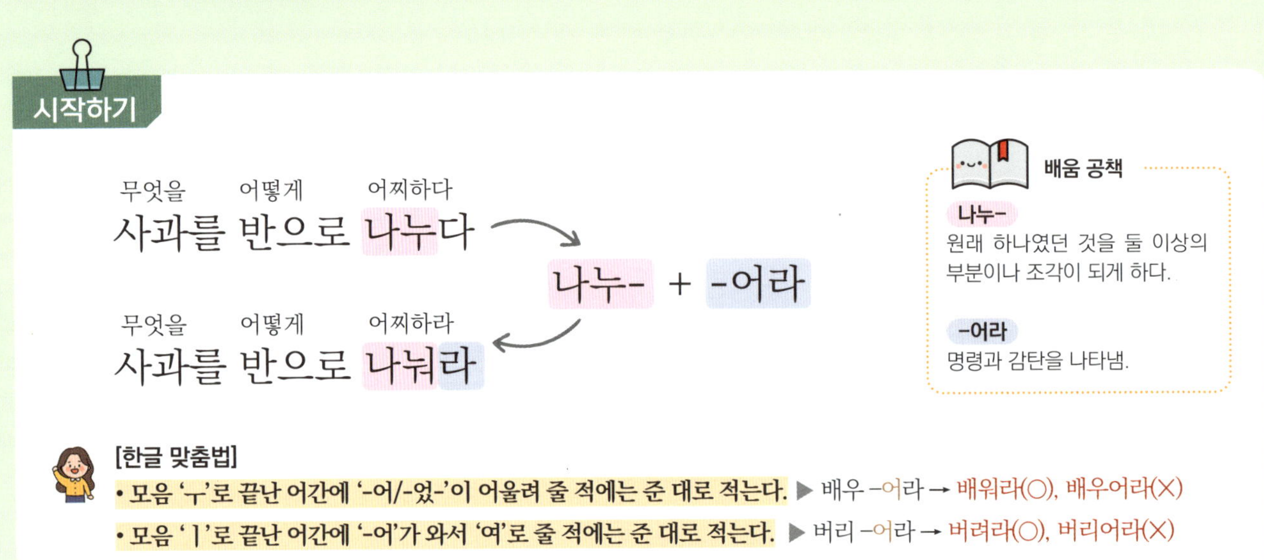

1 아래의 단어 목록을 리듬감 있게 읽어 보세요.

뛰어라	재어라	주어라	쉬어라
덮어라	뜯어라	먹어라	묶어라
숨어라	씻어라	적어라	접어라
바꿔라	배워라	지워라	도와줘라
던져라	마셔라	챙겨라	기다려라

20초 동안 정확하게 읽은 단어 _______/20개

2 아래의 문장을 소리 내어 읽고, 바르게 따라 써 보세요.

씻다

배우다

버리다

깨끗하게 씻어라.

친구와 함께 배워라.

쓰레기는 분리해서 버려라.

3 다음 문장의 빈칸에 어울리는 말을 골라 ○표 하세요.

❶ 수영을 할 때는 코로 숨을 ＿＿＿＿＿＿. 　내쉬어라　　내쉬니

❷ 학용품을 사물함에 ＿＿＿＿＿＿. 　넣을까　　넣어라

❸ 이제 ＿＿＿＿ 쉬어라. 　그만　　또

4 파란색으로 표시된 동사를 살펴보고 형태가 바뀌지 않는 부분과 기본형을 써 보세요.

보기

결승선을 향해 **뛰**어라.

형태가 바뀌지 않는 부분	기본형
뛰	뛰다

❶ 매일 여덟 잔의 물을 **마셔라**.

형태가 바뀌지 않는 부분	기본형

❷ 손에 힘을 꽉 **주어라**.

형태가 바뀌지 않는 부분	기본형

5 주어진 낱말을 '–어라' 형태로 바꾸고, 그림에 어울리는 문장을 만들어 보세요.

6 주어진 문장에 꾸미는 말을 넣어 자세하게 표현해 보세요.

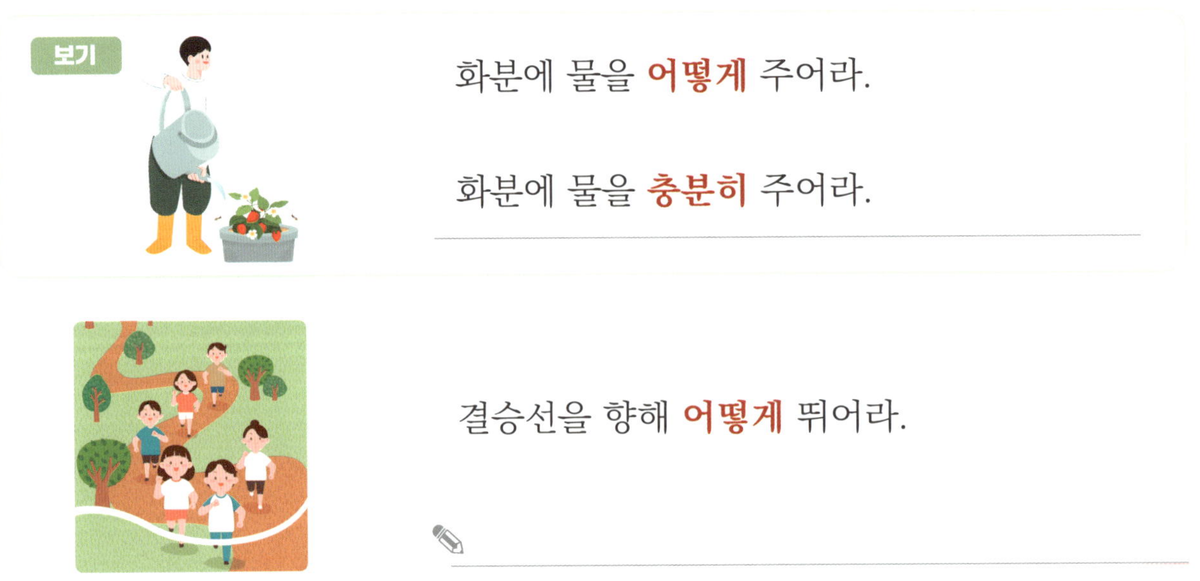

1. 종결 어미 '-라'의 위치와 기능을 이해할 수 있다.
2. 형태가 바뀌는 단어의 기본형을 찾을 수 있다.
3. 주어진 단어를 활용하여 문장을 만들 수 있다.

규칙 동사의 활용 분류

어간의 받침	어간의 끝음절 모음		
	ㅗ	ㅏ	'ㅗ, ㅏ'가 아닌 모음
없음	-아라	-라	-어라
있음	-아라	-아라	-어라

• 종결 어미 '-라'의 위치는?
– 끝음절이 /ㅏ/, /ㅐ/, /ㅓ/, /ㅔ/인 받침 없는 어간 뒤에 써요.

19 줄여 적는 '-라'

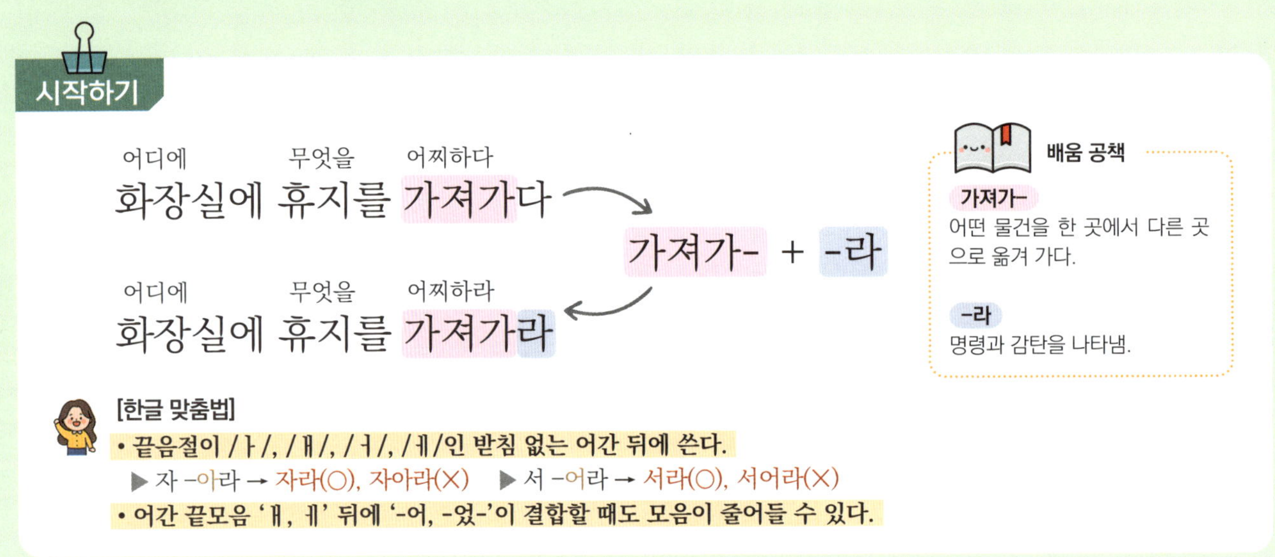

1 아래의 단어 목록을 리듬감 있게 읽어 보세요.

따라	매라	빼라	서라
싸라	자라	재라	짜라
타라	건너라	건네라	나가라
달래라	떠나라	만나라	빛나라
걸어가라	살아나라	일어서라	피어나라

20초 동안 정확하게 읽은 단어 _______ /20개

2 아래의 문장을 소리 내어 읽고, 바르게 따라 써 보세요.

잘 익은 열매만 따라.

침대에서 자라.

단단히 잡고 올라가라.

3 다음 문장의 빈칸에 어울리는 말을 골라 ○표 하세요.

❶ 자전거는 양쪽 손잡이를 잡고 __________.　　　타라　　　탈래

❷ 횡단보도에서는 좌우를 살피고 __________.　　　건너라　　　건네라

❸ __________ 메고 나가라.　　　신발끈을　　　가방을

4 파란색으로 표시된 동사를 살펴보고 형태가 바뀌지 않는 부분과 기본형을 써 보세요.

보기

보자기로 선물을 **싸라**.

형태가 바뀌지 않는 부분	기본형
싸	싸다

❶ 꼭 필요한 물건만 **사라**.

형태가 바뀌지 않는 부분	기본형

❷ 안전한 길로 **가라**.

형태가 바뀌지 않는 부분	기본형

5 주어진 낱말을 '-라' 형태로 바꾸고, 그림에 어울리는 문장을 만들어 보세요.

6 주어진 문장에 꾸미는 말을 넣어 자세하게 표현해 보세요.

1. 종결 어미 '-자'의 위치와 기능을 이해할 수 있다.
2. 형태가 바뀌는 단어의 기본형을 찾을 수 있다.
3. 주어진 단어를 활용하여 문장을 만들 수 있다.

규칙 동사의 활용 분류

어간의 받침	어간의 끝음절 모음		
	ㅗ	ㅏ	'ㅗ, ㅏ'가 아닌 모음
없음	-자	-자	-자
있음	-자	-자	-자

• 종결 어미 '-자'의 위치는?
– 모음의 종류와 관계없이 **모든 어간 뒤**에 써요.

20 -자

무엇이 무엇으로   어찌하다
모두 잠옷으로 **갈아입**다

갈아입- + -자

무엇이 무엇으로   어찌하자
모두 잠옷으로 **갈아입자**

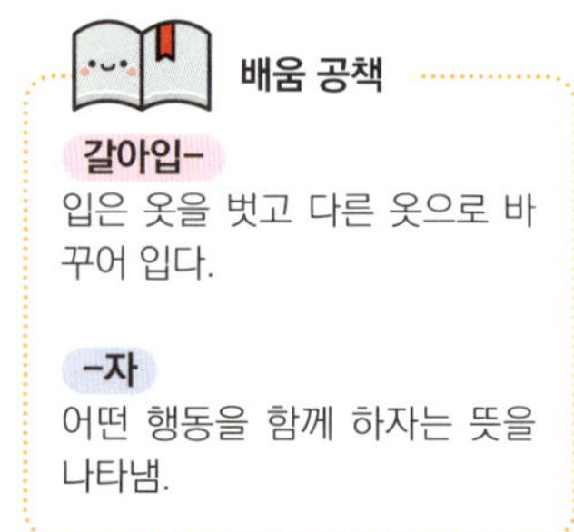

배움 공책

갈아입-
입은 옷을 벗고 다른 옷으로 바꾸어 입다.

-자
어떤 행동을 함께 하자는 뜻을 나타냄.

'-자'는 어떤 행동을 함께 하자는 뜻을 나타낼 때 쓸 수 있어요.

1 아래의 단어 목록을 리듬감 있게 읽어 보세요.

보자	뛰자	주자	펴자
나가자	떠나자	맞추자	치우자
기다리자	내려오자	깎자	놓자
뜯자	받자	심자	씹자
앉자	잡자	찢자	빼앗자

20초 동안 정확하게 읽은 단어 _______/20개

2 아래의 문장을 소리 내어 읽고, 바르게 따라 써 보세요.

하루 세 번 이를 닦자.

일찍 자고, 일찍 일어나자.

부끄러웠던 기억은 잊자.

3 다음 문장의 빈칸에 어울리는 말을 골라 ○표 하세요.

❶ 일회용품의 사용을 ＿＿＿＿＿＿＿.

| 줄자 | 줄이자 |

❷ 대중교통의 이용을 ＿＿＿＿＿＿＿.

| 늘리자 | 늘이자 |

❸ ＿＿＿＿＿＿＿ 심자.

| 나무를 | 나무만 |

4 파란색으로 표시된 동사를 살펴보고 형태가 바뀌지 않는 부분과 기본형을 써 보세요.

음식을 보기 좋게 **담**자.

형태가 바뀌지 않는 부분	기본형
담	담다

❶ 교과서를 한 장씩 **넘기자**.

형태가 바뀌지 않는 부분	기본형

❷ 매일 신문을 **읽자**.

형태가 바뀌지 않는 부분	기본형

5 주어진 낱말을 '-자' 형태로 바꾸고, 그림에 어울리는 문장을 만들어 보세요.

보기

따다 | 따자 |

열매를 따자.

① **보다** | |

② **덮다** | |

6 주어진 문장에 꾸미는 말을 넣어 자세하게 표현해 보세요.

보기

어떤 열매를 따자.

빨간 열매를 따자.

어떤 음식을 보기 좋게 담자.

1. 종결 어미 '-ㅂ시다'의 위치와 기능을 이해할 수 있다.

2. 형태가 바뀌는 단어의 기본형을 찾을 수 있다.

3. 주어진 단어를 활용하여 문장을 만들 수 있다.

규칙 동사의 활용 분류

어간의 받침	어간의 끝음절 모음		
	ㅗ	ㅏ	'ㅗ, ㅏ'가 아닌 모음
없음	-ㅂ시다	-ㅂ시다	-ㅂ시다
있음	-읍시다	-읍시다	-읍시다

- 종결 어미 '-ㅂ시다'의 위치는?
- 모음의 종류와 관계없이 **받침이 없는 어간 뒤**에 써요.

21 -ㅂ시다

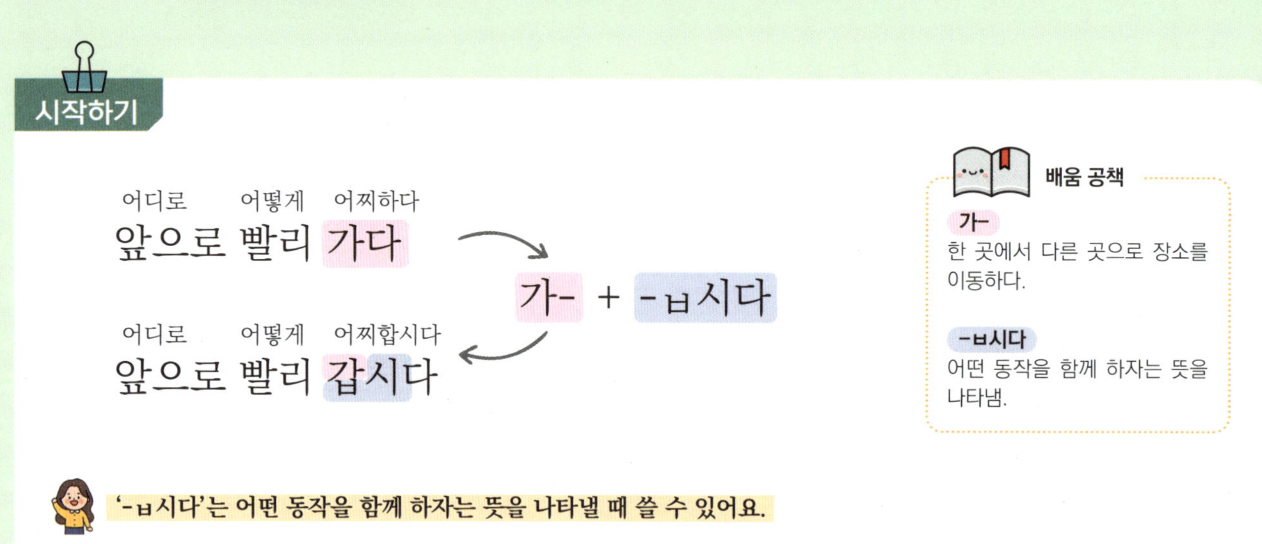

1 아래의 단어 목록을 리듬감 있게 읽어 보세요.

갑시다	봅시다	삽시다	잽시다
탑시다	가립시다	건넵시다	당깁시다
드립시다	만납시다	맞춥시다	바랍시다
배웁시다	이깁시다	채웁시다	가르칩시다
기다립시다	도와줍시다	빌려줍시다	일어납시다

20초 동안 정확하게 읽은 단어 _______/20개

2 아래의 문장을 소리 내어 읽고, 바르게 따라 써 보세요.

궁금한 것은 선생님께 물어봅시다.

편식하는 습관은 버립시다.

지구를 아낍시다.

3 다음 문장의 빈칸에 어울리는 말을 골라 ○표 하세요.

❶ 약속을 잘 ＿＿＿＿＿＿＿.

| 지켰니 | 지킵시다 |

❷ 매일 운동하는 습관을 ＿＿＿＿＿＿.

| 들입시다 | 듭시다 |

❸ 모양이 단순한 ＿＿＿＿＿ 삽시다.

| 학용품을 | 학용품은 |

4 파란색으로 표시된 동사를 살펴보고 형태가 바뀌지 않는 부분과 기본형을 써 보세요.

형태가 바뀌지 않는 부분	기본형
타	타다

❶ 응원의 메시지를 보냅시다.

형태가 바뀌지 않는 부분	기본형

❷ 왼쪽으로 한 걸음씩 갑시다.

형태가 바뀌지 않는 부분	기본형

5 주어진 낱말을 '-ㅂ시다' 형태로 바꾸고, 그림에 어울리는 문장을 만들어 보세요.

싸다 　　쌉시다

엄마와 함께 김밥을 쌉시다.

❶ 마시다

❷ 건너다

6 주어진 문장에 꾸미는 말을 넣어 자세하게 표현해 보세요.

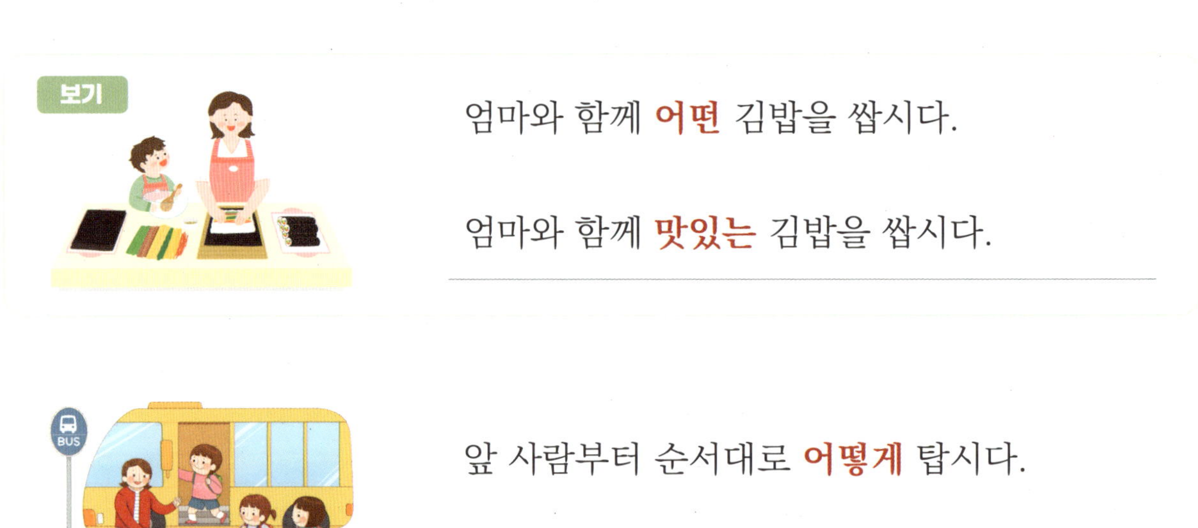

엄마와 함께 **어떤** 김밥을 쌉시다.

엄마와 함께 **맛있는** 김밥을 쌉시다.

앞 사람부터 순서대로 **어떻게** 탑시다.

학습목표

1. 종결 어미 '-읍시다'의 위치와 기능을 이해할 수 있다.
2. 형태가 바뀌는 단어의 기본형을 찾을 수 있다.
3. 주어진 단어를 활용하여 문장을 만들 수 있다.

규칙 동사의 활용 분류

어간의 받침	어간의 끝음절 모음		
	ㅗ	ㅏ	'ㅗ, ㅏ'가 아닌 모음
없음	-ㅂ시다	-ㅂ시다	-ㅂ시다
있음	-읍시다	-읍시다	-읍시다

- 종결 어미 '-읍시다'의 위치는?
  - 모음의 종류와 관계없이 **받침이 있는 어간 뒤**에 써요.

22 -읍시다

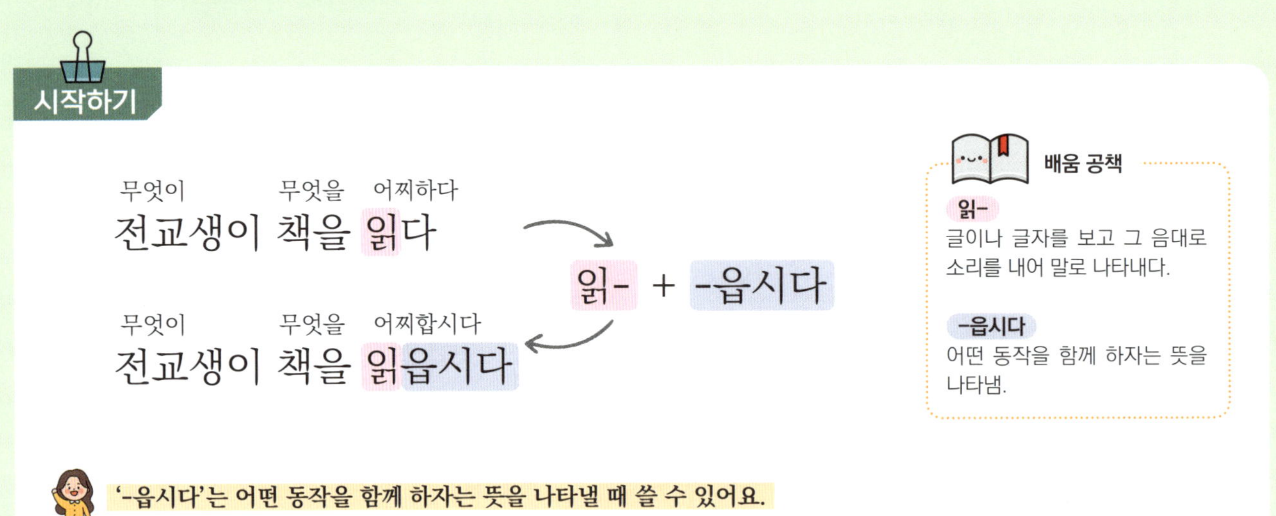

'-읍시다'는 어떤 동작을 함께 하자는 뜻을 나타낼 때 쓸 수 있어요.

1 아래의 단어 목록을 리듬감 있게 읽어 보세요.

꽂읍시다	놓읍시다	닦읍시다	담읍시다
막읍시다	먹읍시다	묶읍시다	뽑읍시다
섞읍시다	심읍시다	안읍시다	앉읍시다
웃읍시다	읽읍시다	잡읍시다	적읍시다
접읍시다	쫓읍시다	찍읍시다	찾읍시다

20초 동안 정확하게 읽은 단어 _______/20개

2 아래의 문장을 소리 내어 읽고, 바르게 따라 써 보세요.

찾다

자신감을 찾읍시다.

적다

숙제를 알림장에 적읍시다.

뽑다

사용하지 않는 플러그는 뽑읍시다.

3 다음 문장의 빈칸에 어울리는 말을 골라 ○표 하세요.

❶ 바른 자세로 책을 ＿＿＿＿＿＿＿＿＿.   읽읍시다   읽었습니까

❷ 어린이 안전사고를 ＿＿＿＿＿＿＿＿.   맡읍시다   막읍시다

❸ 신선한 ＿＿＿＿＿＿ 채소를 먹읍시다.   과일과   과일을

4 파란색으로 표시된 동사를 살펴보고 형태가 바뀌지 않는 부분과 기본형을 써 보세요.

물건은 제자리에 **놓**읍시다.

형태가 바뀌지 않는 부분	기본형
놓	놓다

❶ 독서 전후에는 손을 **씻읍시다**.

형태가 바뀌지 않는 부분	기본형

❷ 지구를 위해 나무를 **심읍시다**.

형태가 바뀌지 않는 부분	기본형

5 주어진 낱말을 '-읍시다' 형태로 바꾸고, 그림에 어울리는 문장을 만들어 보세요.

보기

입다　　입읍시다

겨울에는 따뜻한 외투를 입읍시다.

❶ 닦다 □

❷ 담다 □

6 주어진 문장에 꾸미는 말을 넣어 자세하게 표현해 보세요.

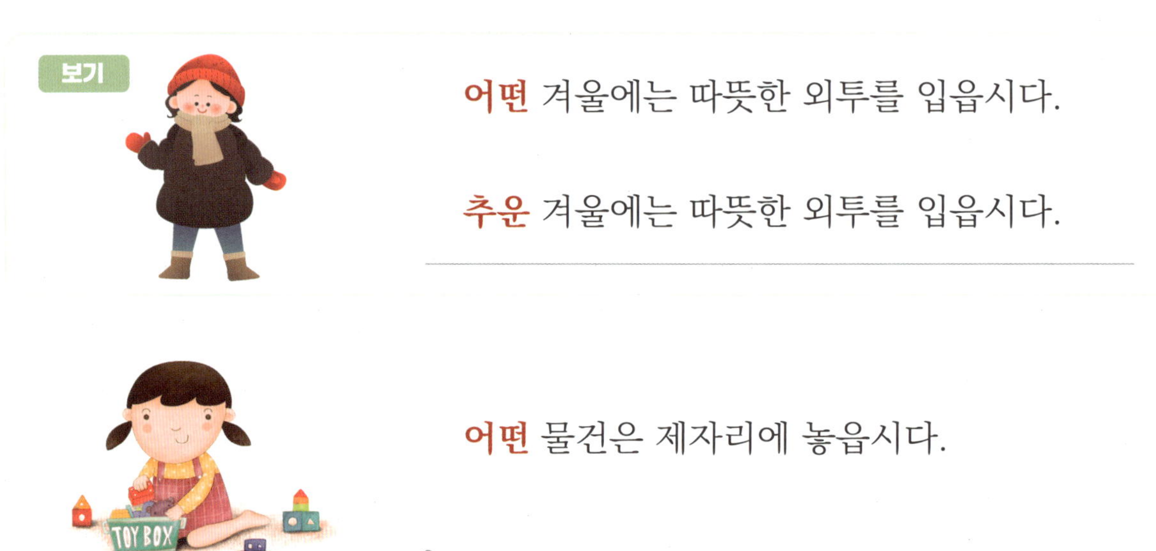

보기

어떤 겨울에는 따뜻한 외투를 입읍시다.

추운 겨울에는 따뜻한 외투를 입읍시다.

어떤 물건은 제자리에 놓읍시다.

학습목표

1. 종결 어미 '-ㄹ게'의 위치와 기능을 이해할 수 있다.
2. 형태가 바뀌는 단어의 기본형을 찾을 수 있다.
3. 주어진 단어를 활용하여 문장을 만들 수 있다.

규칙 동사의 활용 분류

어간의 받침	어간의 끝음절 모음		
	ㅗ	ㅏ	'ㅗ, ㅏ'가 아닌 모음
없음	-ㄹ게	-ㄹ게	-ㄹ게
있음	-을게	-을게	-을게

• 종결 어미 '-ㄹ게'의 위치는?
  – 모음의 종류와 관계없이 **받침이 없는 어간 뒤**에 써요.

23 -ㄹ게

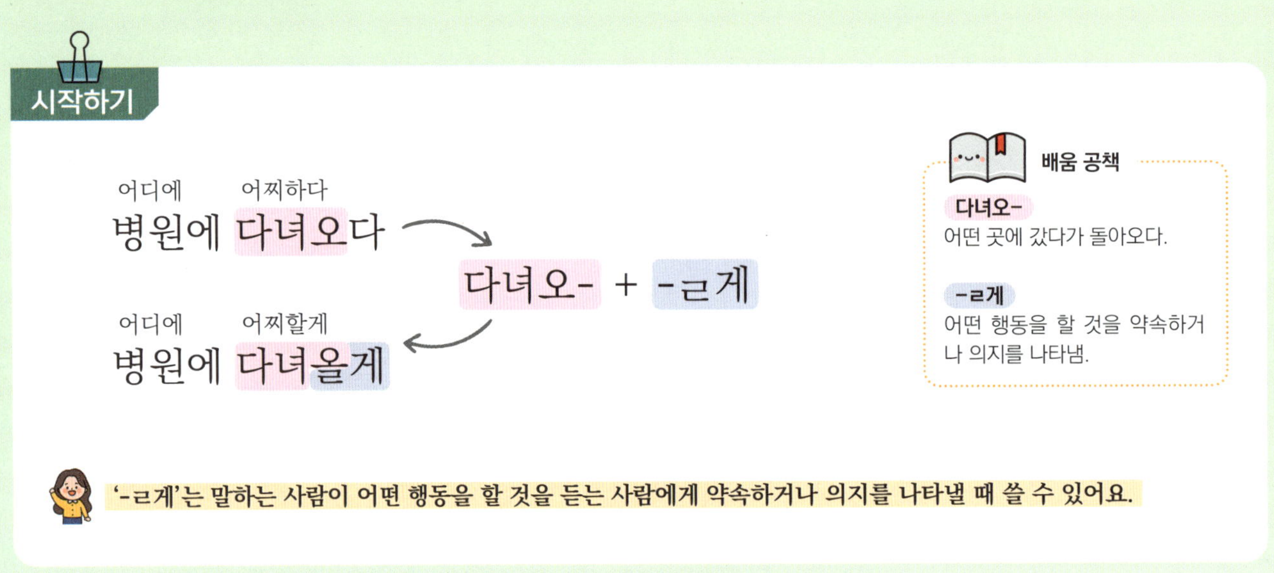

'-ㄹ게'는 말하는 사람이 어떤 행동을 할 것을 듣는 사람에게 약속하거나 의지를 나타낼 때 쓸 수 있어요.

1 아래의 단어 목록을 리듬감 있게 읽어 보세요.

갈게	뛸게	볼게	뺄게
잘게	줄게	탈게	펼게
가릴게	꾸밀게	드릴게	맞출게
배울게	이길게	치울게	펴낼게
도와줄게	물어볼게	오므릴게	일어날게

20초 동안 정확하게 읽은 단어 _______ /20개

2 아래의 문장을 소리 내어 읽고, 바르게 따라 써 보세요.

3 다음 문장의 빈칸에 어울리는 말을 골라 ○표 하세요.

❶ 다정아, 연필 빌려줘서 고마워.

　네 책상 위에 ＿＿＿＿＿＿＿.

| 둘게 | 둘까 |

❷ 저는 졸려서 먼저 ＿＿＿＿＿＿＿.

| 잤어 | 잘게요 |

❸ 쉬는 시간에 ＿＿＿＿＿＿ 갈게.

| 운동장으로 | 교실에서 |

4 파란색으로 표시된 동사를 살펴보고 형태가 바뀌지 않는 부분과 기본형을 써 보세요.

형태가 바뀌지 않는 부분	기본형
배우	배우다

❶ 내일 다시 올게.

형태가 바뀌지 않는 부분	기본형

❷ 나쁜 습관을 버릴게.

형태가 바뀌지 않는 부분	기본형

5 주어진 낱말을 '-ㄹ게' 형태로 바꾸고, 그림에 어울리는 문장을 만들어 보세요.

6 주어진 문장에 꾸미는 말을 넣어 자세하게 표현해 보세요.

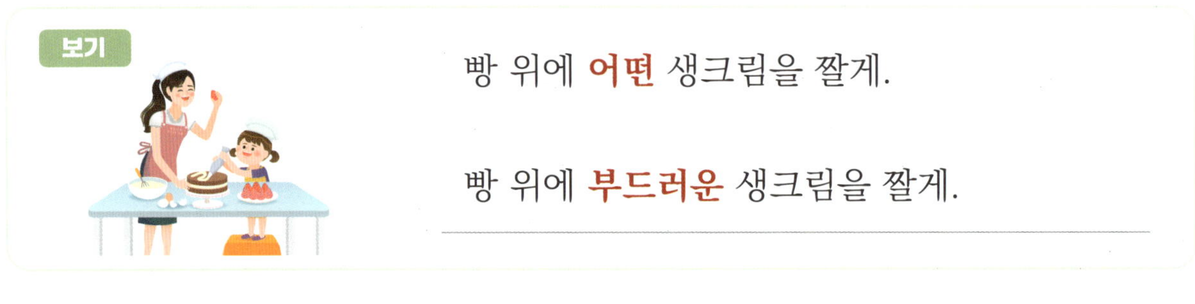

학습목표

1. 종결 어미 '−을게'의 위치와 기능을 이해할 수 있다.

2. 형태가 바뀌는 단어의 기본형을 찾을 수 있다.

3. 주어진 단어를 활용하여 문장을 만들 수 있다.

규칙 동사의 활용 분류

어간의 받침	어간의 끝음절 모음		
	ㅗ	ㅏ	'ㅗ, ㅏ' 가 아닌 모음
없음	−ㄹ게	−ㄹ게	−ㄹ게
있음	−을게	−을게	−을게

• 종결 어미 '−을게'의 위치는?

– 모음의 종류와 관계없이 **받침이 있는 어간 뒤**에 써요.

24 -을게

무엇을 어찌하다
말을 **않**다

무엇을 어찌할게
말을 **않을게**

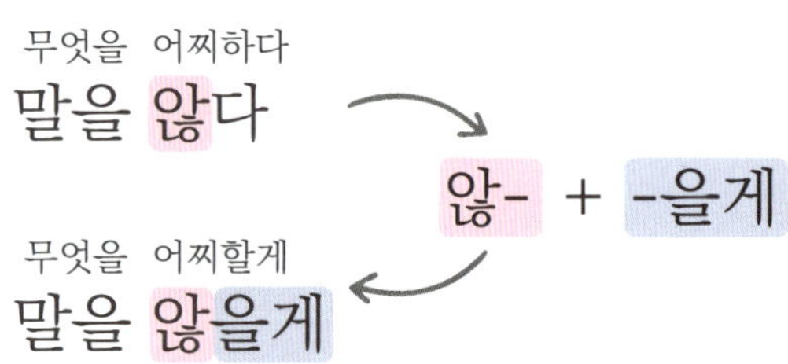

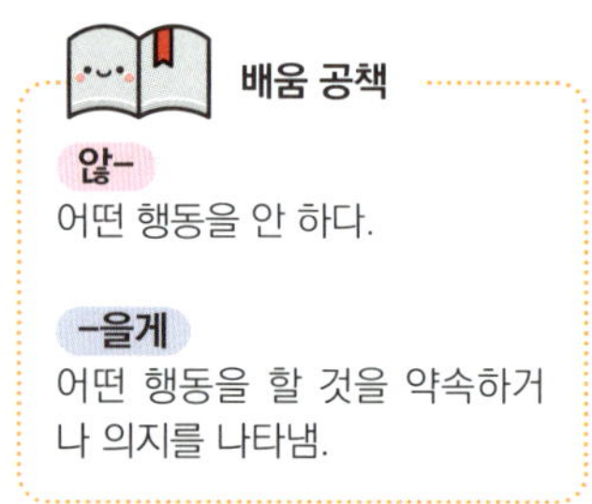

'-을게'는 말하는 사람이 어떤 행동을 할 것을 듣는 사람에게 약속하거나 의지를 나타낼 때 쓸 수 있어요.

1 아래의 단어 목록을 리듬감 있게 읽어 보세요.

깎을게	닦을게	닫을게	담을게
먹을게	묶을게	뽑을게	섞을게
심을게	쌓을게	안을게	앉을게
업을게	읽을게	잊을게	잡을게
적을게	접을게	찢을게	참을게

20초 동안 정확하게 읽은 단어 _______/20개

2 아래의 문장을 소리 내어 읽고, 바르게 따라 써 보세요.

깎다

머리를 짧게 깎을게.

담다

꼭 필요한 것들만 담을게요.

받다

선물 고맙게 받을게.

3 다음 문장의 빈칸에 어울리는 말을 골라 ○표 하세요.

❶ 시은아, 추우면 창문 ＿＿＿＿＿＿＿＿. | 닫을래 | 닫을게 |

❷ 간식 고마워. 맛있게 ＿＿＿＿＿＿＿. | 먹을게 | 먹었니 |

❸ 네 전화번호 말해 줄래? ＿＿＿＿＿ 적을게. | 수첩에 | 수첩에서 |

4 파란색으로 표시된 동사를 살펴보고 형태가 바뀌지 않는 부분과 기본형을 써 보세요.

형태가 바뀌지 않는 부분	기본형
넣	넣다

❶ 어제 빌린 돈을 지금 **갚을게**.

형태가 바뀌지 않는 부분	기본형

❷ 동생이랑 뒷자리에 **앉을게**.

형태가 바뀌지 않는 부분	기본형

5 주어진 낱말을 '-을게' 형태로 바꾸고, 그림에 어울리는 문장을 만들어 보세요.

보기

박다 　박을게

바닥에 고정 핀을 박을게.

❶ 섞다

❷ 벗다

6 주어진 문장에 꾸미는 말을 넣어 자세하게 표현해 보세요.

보기

바닥에 고정 핀을 **어떻게** 박을게.

바닥에 고정 핀을 **단단하게** 박을게.

세탁기에 **어떤** 빨래를 넣을게.

학습목표

1. 종결 어미 '–는구나'의 위치와 기능을 이해할 수 있다.

2. 형태가 바뀌는 단어의 기본형을 찾을 수 있다.

3. 주어진 단어를 활용하여 문장을 만들 수 있다.

규칙 동사의 활용 분류

어간의 받침	어간의 끝음절 모음		
	ㅗ	ㅏ	'ㅗ, ㅏ'가 아닌 모음
없음	–는구나	–는구나	–는구나
있음	–는구나	–는구나	–는구나

 • 종결 어미 '–는구나'의 위치는?
　– 모음의 종류와 관계없이 **모든 어간 뒤**에 써요.

시작하기

무엇을 어찌하다
용돈을 많이 **받**다

무엇을 어찌하는구나
용돈을 많이 **받는구나**

받- + -는구나

배움 공책

받-
다른 사람이 주거나 보내온 것을 가지다.

-는구나
새롭게 알게 된 사실에 어떤 느낌을 실어 말함을 나타냄

'-는구나'는 새롭게 알게 된 사실에 어떤 느낌을 실어 말할 때 쓸 수 있어요.

1 아래의 단어 목록을 리듬감 있게 읽어 보세요.

보는구나	쉬는구나	오는구나	치는구나
드리는구나	맞추는구나	자라는구나	챙기는구나
물어보는구나	엎드리는구나	긁는구나	담는구나
덮는구나	묶는구나	뺍는구나	쌓는구나
웃는구나	적는구나	참는구나	쓰다듬는구나

20초 동안 정확하게 읽은 단어 _______/20개

2 아래의 문장을 소리 내어 읽고, 바르게 따라 써 보세요.

가다

벌써 한 해가 다 가는구나.

도와주다

집안일을 도와주는구나.

낳다

닭이 알을 낳는구나.

3 다음 문장의 빈칸에 어울리는 말을 골라 ○표 하세요.

❶ 번데기는 나비가 ＿＿＿＿＿＿＿＿.

되는구나	되

❷ 담임선생님께 감사 편지를 ＿＿＿＿＿＿＿＿.

드렸니	드리는구나

❸ 지훈이는 ＿＿＿＿＿＿ 잘 삼키는구나.

알약도	알약이나

4 파란색으로 표시된 동사를 살펴보고 형태가 바뀌지 않는 부분과 기본형을 써 보세요.

형태가 바뀌지 않는 부분	기본형
타	타다

❶ 항상 바른 자세로 **앉는구나**.

형태가 바뀌지 않는 부분	기본형

❷ 식물이 하루가 다르게 쑥쑥 **자라는구나**.

형태가 바뀌지 않는 부분	기본형

5 주어진 낱말을 '-는구나' 형태로 바꾸고, 그림에 어울리는 문장을 만들어 보세요.

꽂다　　꽂는구나

연필꽂이에 연필을 꽂는구나.

❶ 치다

❷ 빛나다

6 주어진 문장에 꾸미는 말을 넣어 자세하게 표현해 보세요.

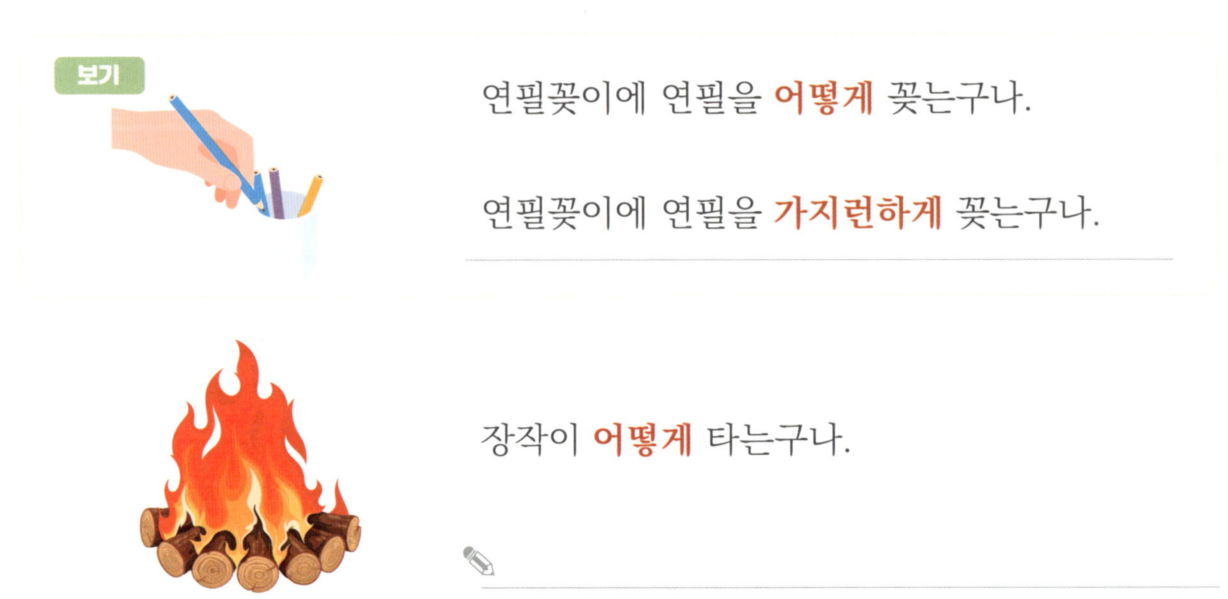

연필꽂이에 연필을 **어떻게** 꽂는구나.

연필꽂이에 연필을 **가지런하게** 꽂는구나.

장작이 **어떻게** 타는구나.

학습목표

1. 전성 어미 '-기'의 위치와 기능을 이해할 수 있다.

2. 형태가 바뀌는 단어의 기본형을 찾을 수 있다.

3. 주어진 단어를 활용하여 문장을 만들 수 있다.

규칙 동사의 활용 분류

어간의 받침	어간의 끝음절 모음		
	ㅗ	ㅏ	'ㅗ, ㅏ'가 아닌 모음
없음	-기	-기	-기
있음	-기	-기	-기

• 전성 어미 '-기'의 위치는?
 – 모음의 종류와 관계없이 **모든 어간 뒤**에 써요.

26 -기

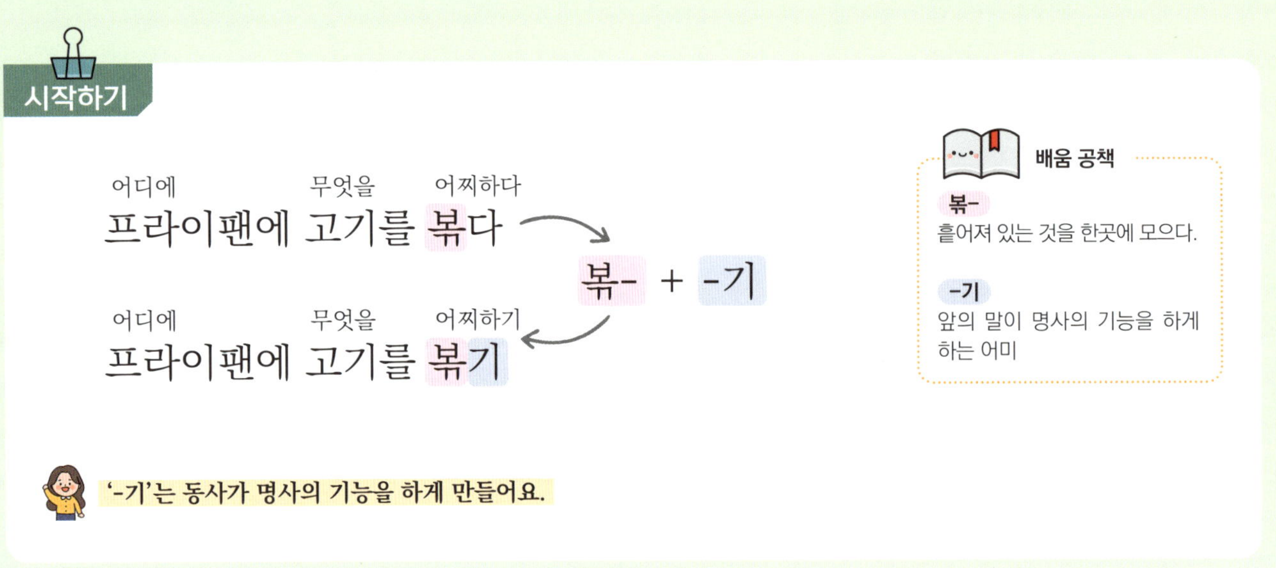

1 아래의 단어 목록을 리듬감 있게 읽어 보세요.

뛰기	짜기	타기	켜기
그리기	나오기	버리기	피우기
올라가기	일어나기	걷기	낳기
닫기	뜯기	섞기	엎기
접기	짚기	찢기	쓰다듬기

20초 동안 정확하게 읽은 단어 _______/20개

2 아래의 문장을 소리 내어 읽고, 바르게 따라 써 보세요.

다니다

가까운 거리는 걸어 다니기

씻다

식사 전 비누로 손 씻기

타다

대중교통 타기

3 다음 문장의 빈칸에 어울리는 말을 골라 ○표 하세요.

❶ 식사 후에는 설거지통에 그릇 ___________. 넣다 넣기

❷ 재활용 쓰레기는 분리하여 ___________. 버리기 버릴까

❸ 잠자리에서 일어나 ___________ 정리하기 이불자리 이부자리

4 파란색으로 표시된 동사를 살펴보고 형태가 바뀌지 않는 부분과 기본형을 써 보세요.

형태가 바뀌지 않는 부분	기본형
삶	삶다

❶ 하루 세 번 이 **닦기**

형태가 바뀌지 않는 부분	기본형

❷ 신선한 과일과 채소 **먹기**

형태가 바뀌지 않는 부분	기본형

5 주어진 낱말을 '-기' 형태로 바꾸고, 그림에 어울리는 문장을 만들어 보세요.

보기

사귀다 　사귀기

친구 사귀기

❶ 앉다

❷ 참다

6 주어진 문장에 꾸미는 말을 넣어 자세하게 표현해 보세요.

보기

어떤 친구 사귀기

새로운 친구 사귀기

끓는 물에 3분간 **어떻게** 삶기.

학습목표

1. 전성 어미 '-는'의 위치와 기능을 이해할 수 있다.
2. 형태가 바뀌는 단어의 기본형을 찾을 수 있다.
3. 주어진 단어를 활용하여 문장을 만들 수 있다.

규칙 동사의 활용 분류

어간의 받침	어간의 끝음절 모음		
	ㅗ	ㅏ	'ㅗ, ㅏ'가 아닌 모음
없음	-는	-는	-는
있음	-는	-는	-는

- 전성 어미 '-는'의 위치는?
  – 모음의 종류와 관계없이 **모든 어간 뒤**에 써요.

27 -는

초롱초롱 빛나다 눈빛

빛나- + -는

초롱초롱 빛나는 눈빛

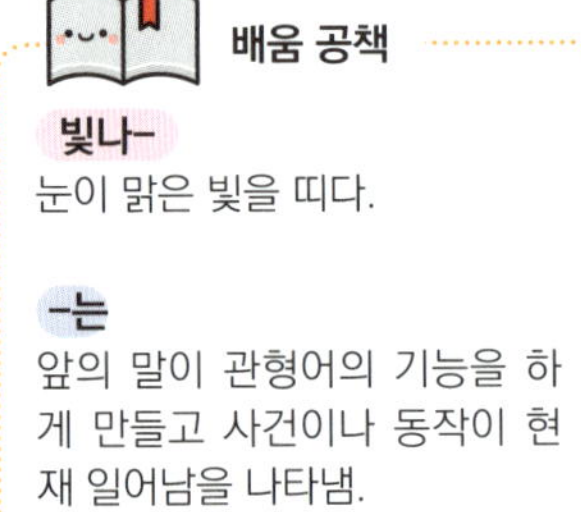

'-는'은 앞의 말이 관형어의 기능을 하게 만들고 사건이나 동작이 현재 일어남을 나타내요.

1 아래의 단어 목록을 리듬감 있게 읽어 보세요.

까는	베는	빼는	쉬는
치는	오는	던지는	태우는
빛나는	자라는	꽂는	담는
뱉는	볶는	씹는	안는
업는	적는	집는	쓰다듬는

20초 동안 정확하게 읽은 단어 ________/20개

2 아래의 문장을 소리 내어 읽고, 바르게 따라 써 보세요.

음식 타는 냄새가 난다.

다둥이를 키우는 가정이다.

몸을 핥는 고양이의 모습이 귀엽다.

3 다음 문장의 빈칸에 어울리는 말을 골라 ○표 하세요.

❶ 끊임없이 ______________ 지구   움직이는   움직인

❷ 지구를 둘러싸고 ______________ 공기   있었던   있는

❸ 바다와 육지로 ______________ 지구의 표면   나눌   나뉘는

4 파란색으로 표시된 동사를 살펴보고 형태가 바뀌지 않는 부분과 기본형을 써 보세요.

형태가 바뀌지 않는 부분	기본형
앉	앉다

❶ 간절히 바라는 소원

형태가 바뀌지 않는 부분	기본형

❷ 10분 동안 쉬는 시간

형태가 바뀌지 않는 부분	기본형

5 주어진 낱말을 '–는'형태로 바꾸고, 그림에 어울리는 문장을 만들어 보세요.

나오다　나오는

텔레비전에 나오는 노래를 들었다.

① 타다

② 찾다

6 주어진 문장에 꾸미는 말을 넣어 자세하게 표현해 보세요.

텔레비전에 나오는 **어떤** 노래를 들었다.

텔레비전에 나오는 **신나는** 노래를 들었다.

어떤 우리 가족은 마주 보고 앉는 자리를 잡았다.

학습목표

1. 전성 어미 '-ㄴ'의 위치와 기능을 이해할 수 있다.

2. 형태가 바뀌는 단어의 기본형을 찾을 수 있다.

3. 주어진 단어를 활용하여 문장을 만들 수 있다.

규칙 동사의 활용 분류

어간의 받침	어간의 끝음절 모음		
	ㅗ	ㅏ	'ㅗ, ㅏ' 가 아닌 모음
없음	-ㄴ	-ㄴ	-ㄴ
있음	-은	-은	-은

 • 전성 어미 '-ㄴ'의 위치는?
– 모음의 종류와 관계없이 **받침이 없는 어간 뒤**에 써요.

28 -ㄴ

담장을 **넘기다** 공

넘기 - + **-ㄴ**

담장을 **넘긴** 공

넘기-
높은 부분의 위를 지나게 하다.

-ㄴ
앞의 말이 관형어의 기능을 하게 만들고 사건이나 동작이 과거에 일어남을 나타냄.

'**-ㄴ**'은 앞의 말이 관형어의 기능을 하게 만들고 사건이나 동작이 과거에 일어남을 나타내요.

1 아래의 단어 목록을 리듬감 있게 읽어 보세요.

딴	본	산	짠
찬	탄	나온	넘긴
던진	떠난	마신	만난
바꾼	배운	버린	이긴
지운	가르친	엎드린	일어선

20초 동안 정확하게 읽은 단어 _______/20개

2 아래의 문장을 소리 내어 읽고, 바르게 따라 써 보세요.

타다

상을 **탄** 학생은 김주은입니다.

짜다

털실로 **짠** 옷이라 따뜻하다.

가르치다

선생님께서 **가르친** 학생들이다.

3 다음 문장의 빈칸에 어울리는 말을 골라 ○표 하세요.

❶ 프로펠러가 ____________ 비행기

| 달린 | 달인 |

❷ 많은 사람을 ____________ 버스

| 태운 | 태운다 |

❸ 친구가 ____________ 공에 맞았다.

| 던진 | 던질 |

4 파란색으로 표시된 동사를 살펴보고 형태가 바뀌지 않는 부분과 기본형을 써 보세요.

보기

깨진 유리컵

형태가 바뀌지 않는 부분	기본형
깨지	깨지다

❶ 시련을 **이긴** 사람

형태가 바뀌지 않는 부분	기본형

❷ 극장에서 **본** 영화

형태가 바뀌지 않는 부분	기본형

5 주어진 낱말을 '–ㄴ' 형태로 바꾸고, 그림에 어울리는 문장을 만들어 보세요.

꾸미다 　　꾸민

딸기로 꾸민 케이크가 먹음직스럽다.

❶ 올라가다

❷ 배우다

6 주어진 문장에 꾸미는 말을 넣어 자세하게 표현해 보세요.

딸기로 **어떻게** 꾸민 케이크가 먹음직스럽다.

딸기로 **예쁘게** 꾸민 케이크가 먹음직스럽다.

깨진 유리컵을 **어떻게** 버렸다.

학습목표

1. 전성 어미 '–은'의 위치와 기능을 이해할 수 있다.
2. 형태가 바뀌는 단어의 기본형을 찾을 수 있다.
3. 주어진 단어를 활용하여 문장을 만들 수 있다.

규칙 동사의 활용 분류

어간의 받침	어간의 끝음절 모음		
	ㅗ	ㅏ	'ㅗ, ㅏ'가 아닌 모음
없음	–ㄴ	–ㄴ	–ㄴ
있음	–은	–은	–은

• 전성 어미 '–은'의 위치는?
  – 모음의 종류와 관계없이 **받침이 있는 어간 뒤**에 써요.

29 -은

깨끗이 씻다 채소

씻 - + -은

깨끗이 씻은 채소

배움 공책

씻-
때나 더러운 것을 없애 깨끗하게 하다.

-은
앞의 말이 관형어의 기능을 하게 만들고 사건이나 동작이 과거에 일어남을 나타냄.

 '-은'은 앞의 말이 관형어의 기능을 하게 만들고 사건이나 동작이 과거에 일어남을 나타내요.

1 아래의 단어 목록을 리듬감 있게 읽어 보세요.

꽂은	놓은	닳은	막은
박은	밟은	뱉은	벗은
볶은	섞은	숨은	신은
안은	앉은	업은	읽은
잊은	접은	쫓은	찢은

20초 동안 정확하게 읽은 단어 _______/20개

2 아래의 문장을 소리 내어 읽고, 바르게 따라 써 보세요.

넣다

손흥민 선수가 넣은 골이 가장 많아요.

빼앗다

3년 만에 빼앗은 우승컵이야!

볶다

밥에 채소를 넣어 볶은 음식입니다.

3 다음 문장의 빈칸에 어울리는 말을 골라 ◯표 하세요.

❶ 친구에게 도움을 ___________ 적이 있나요?　　받는　　받은

❷ 이 책은 이미 여러 번 ___________ 책이야.　　읽은　　읽을

❸ ___________ 그림 찾기　　숨기는　　숨은

4 파란색으로 표시된 동사를 살펴보고 형태가 바뀌지 않는 부분과 기본형을 써 보세요.

보기

아기를 **업**은 할머니

형태가 바뀌지 않는 부분	기본형
업	업다

❶ **볶은** 곡식을 갈아 만든 미숫가루

형태가 바뀌지 않는 부분	기본형

❷ 장화 **신은** 고양이

형태가 바뀌지 않는 부분	기본형

5 주어진 낱말을 '–은' 형태로 바꾸고, 그림에 어울리는 문장을 만들어 보세요.

긁다 　긁은

손으로 긁은 상처에서 피가 났다.

❶ 받다

✎

❷ 찍다

✎

6 주어진 문장에 꾸미는 말을 넣어 자세하게 표현해 보세요.

손으로 긁은 상처에서 **어떤** 피가 났다.

손으로 긁은 상처에서 **붉은** 피가 났다.

아기를 업은 할머니께서 **어떻게** 웃으셨다.

✎

1. 전성 어미 '-ㄹ'의 위치와 기능을 이해할 수 있다.

2. 형태가 바뀌는 단어의 기본형을 찾을 수 있다.

3. 주어진 단어를 활용하여 문장을 만들 수 있다.

규칙 동사의 활용 분류

어간의 받침	어간의 끝음절 모음		
	ㅗ	ㅏ	'ㅗ, ㅏ'가 아닌 모음
없음	-ㄹ	-ㄹ	-ㄹ
있음	-을	-을	-을

 • 전성 어미 '-ㄹ'의 위치는?
　　－ 모음의 종류와 관계없이 **받침이 없는 어간 뒤**에 써요.

30 -ㄹ

다시 **일어서다** 용기

일어서 - + **-ㄹ**

다시 **일어설** 용기

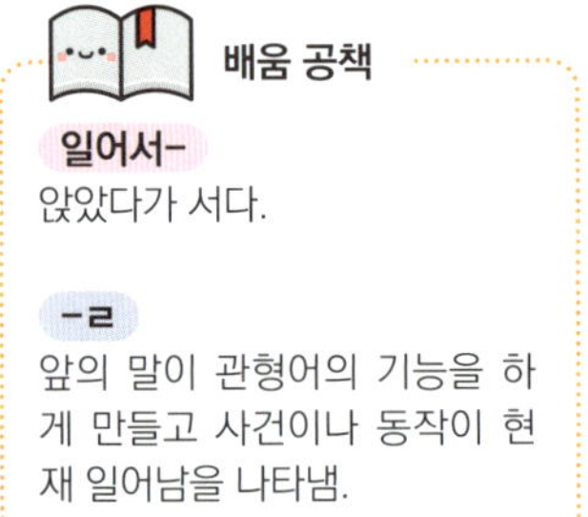

'-ㄹ'은 앞의 말이 관형어의 기능을 하게 만들고 추측, 예정, 의지, 가능성 등을 나타낼 때 쓸 수 있어요.

1 아래의 단어 목록을 리듬감 있게 읽어 보세요.

탈	뛸	맬	살
쉴	올	줄	찰
그릴	꾸밀	나올	던질
배울	빛날	지울	키울
기다릴	빌려줄	엎드릴	일어날

20초 동안 정확하게 읽은 단어 _______/20개

2 아래의 문장을 소리 내어 읽고, 바르게 따라 써 보세요.

타다

우리가 **탈** 비행기가
비행을 준비한다.

보다

오늘 **볼** 영화가 기대된다.

뛰다

국가대표 팀이 **뛸**
경기장이다.

3 다음 문장의 빈칸에 어울리는 말을 골라 ○표 하세요.

❶ 비행기는 먼 곳까지 빠르게 ________ 수 있다. 　　갈　　가는

❷ 아끼는 물건이라 ________ 수 없어. 　　주을　　줄

❸ 가족들과 숲속에서 ________ 거예요. 　　실　　쉰

4 파란색으로 표시된 동사를 살펴보고 형태가 바뀌지 않는 부분과 기본형을 써 보세요.

형태가 바뀌지 않는 부분	기본형
주	주다

❶ 3단원을 배울 차례이다.

형태가 바뀌지 않는 부분	기본형

❷ 게임에서 이길 수 있는 방법

형태가 바뀌지 않는 부분	기본형

5 주어진 낱말을 '-ㄹ' 형태로 바꾸고, 그림에 어울리는 문장을 만들어 보세요.

오르다   오를

무대에 오를 시간이 되었다.

❶ 메다

❷ 재다

6 주어진 문장에 꾸미는 말을 넣어 자세하게 표현해 보세요.

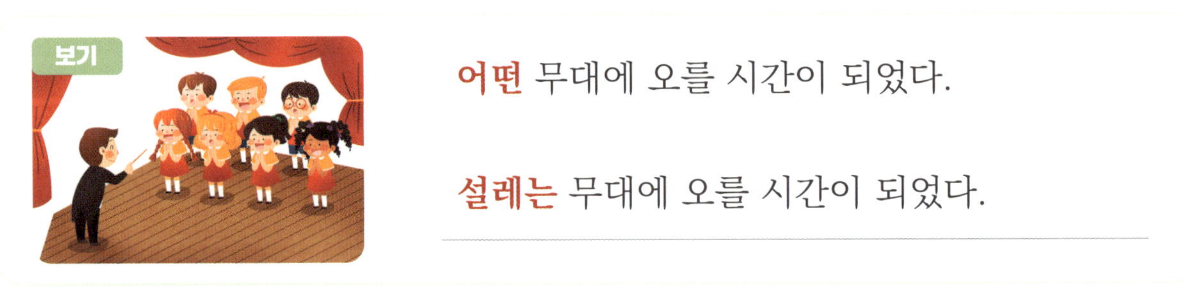

어떤 무대에 오를 시간이 되었다.

설레는 무대에 오를 시간이 되었다.

친구에게 줄 **어떤** 꽃다발을 만들었다.

학습목표

1. 전성 어미 '-을'의 위치와 기능을 이해할 수 있다.

2. 형태가 바뀌는 단어의 기본형을 찾을 수 있다.

3. 주어진 단어를 활용하여 문장을 만들 수 있다.

규칙 동사의 활용 분류

어간의 받침	어간의 끝음절 모음		
	ㅗ	ㅏ	'ㅗ, ㅏ'가 아닌 모음
없음	-ㄹ	-ㄹ	-ㄹ
있음	-을	-을	-을

• 전성 어미 '-을'의 위치는?

– 모음의 종류와 관계없이 **받침이 있는 어간 뒤**에 써요.

31 -을

무릎 위에 덮다 담요

덮 - + -을

무릎 위에 덮을 담요

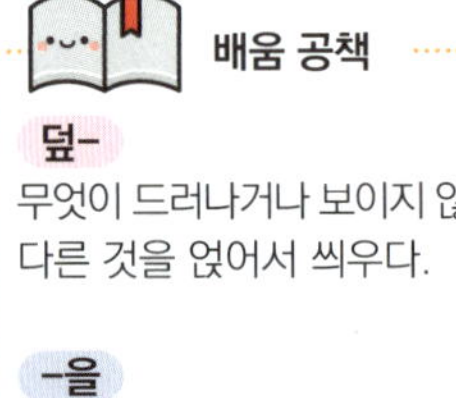

'-을'은 앞의 말이 관형어의 기능을 하게 만들고 추측, 예정, 의지, 가능성 등을 나타낼 때 쓸 수 있어요.

1 아래의 단어 목록을 리듬감 있게 읽어 보세요.

깎을	꽂을	닦을	막을
박을	뱉을	벗을	삶을
신을	심을	쌓을	씹을
안을	업을	잡을	찍을
찢을	참을	찾을	쓰다듬을

20초 동안 정확하게 읽은 단어 _______/20개

2 아래의 문장을 소리 내어 읽고, 바르게 따라 써 보세요.

닦다

동생은 스스로 이를 닦을 수 있다.

덮다

오늘 밤에 덮을 이불이다.

받다

크리스마스에 받을 선물이다.

3 다음 문장의 빈칸에 어울리는 말을 골라 ○표 하세요.

❶ 영화가 슬퍼서 눈물을 ________ 수 없었다. 참을 참았지만

❷ 나무를 심으면 산사태를 ________ 수 있다. 막는 막을

❸ 날씨가 추워서 두꺼운 ________ 신을 거야. 양말을 신발을

4 파란색으로 표시된 동사를 살펴보고 형태가 바뀌지 않는 부분과 기본형을 써 보세요.

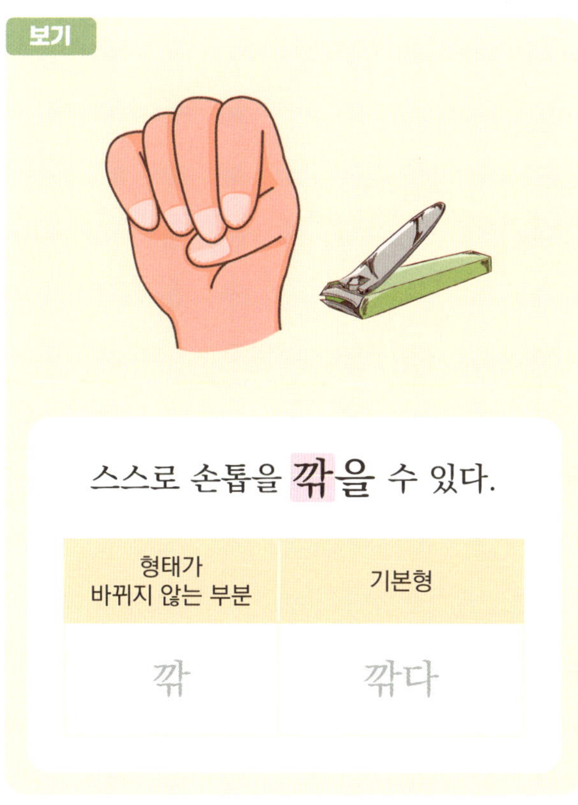

형태가 바뀌지 않는 부분	기본형
깎	깎다

❶ 이 돌은 담을 **쌓을** 재료이다.

형태가 바뀌지 않는 부분	기본형

❷ 나랑 같이 사진 **찍을** 사람?

형태가 바뀌지 않는 부분	기본형

5 주어진 낱말을 '–을' 형태로 바꾸고, 그림에 어울리는 문장을 만들어 보세요.

❶

받다

❷

잡다

6 주어진 문장에 꾸미는 말을 넣어 자세하게 표현해 보세요.

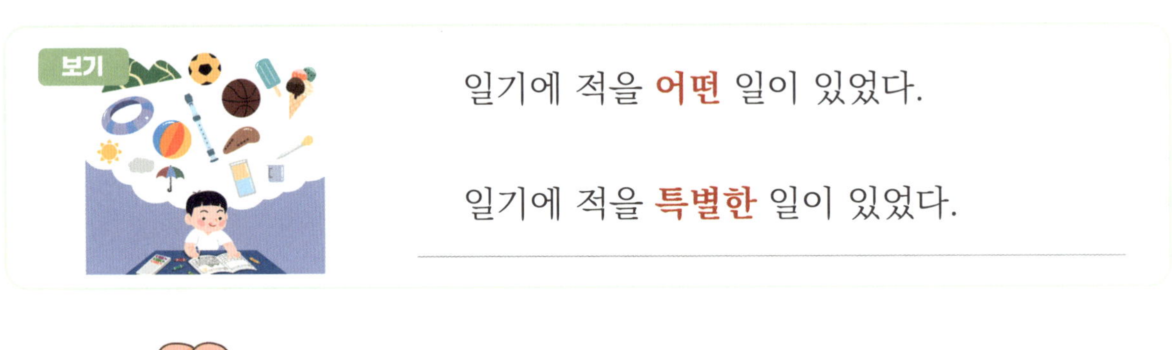

일기에 적을 **어떤** 일이 있었다.

일기에 적을 **특별한** 일이 있었다.

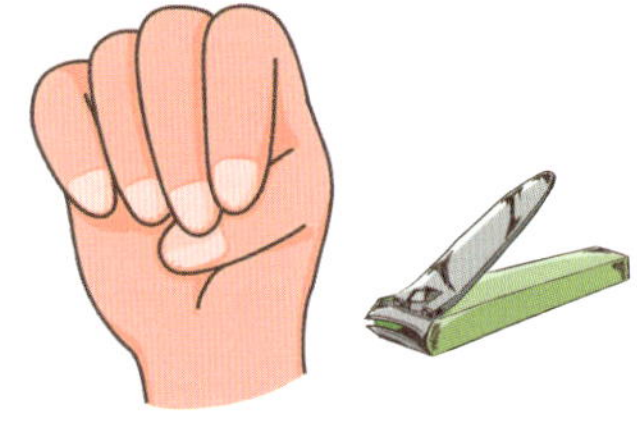

스스로 손톱을 **어떻게** 깎을 수 있다.

확인 학습

1 다음 문장에서 파란색으로 쓰인 동사의 기본형을 찾아 보세요.

❶ 얘들아, 탄산음료 대신 우유를 마실까?

나는 매일 여덟 잔의 물의 마셔요.

산에 올라 맑은 공기를 마십시다.

정답 : ______________________

❷ 과일을 접시에 가지런히 담았구나.

선생님께 감사의 마음을 담은 편지를 드렸다.

간식을 담을 작은 도시락을 준비했다.

정답 : ______________________

❸ 고무줄로 머리를 묶는구나.

달리기 전에 신발끈을 단단히 묶어라.

예쁜 리본 묶는 방법을 알려 줄게.

정답 : ______________________

2 다음 문장에 어울리는 말을 골라 ○표 하세요.

❶ 기침을 할 때에는 소매로 입을 (막아라, 막어라).

❷ 수업 시간에 졸음이 쏟아졌지만 나는 (참기, 참니)로 했다.

❸ 졸업 사진에서 동생을 (찾은, 찾는) 중이야.

❹ 너는 집에서 고양이를 (키울게, 키우는구나).

❺ 도서관에서 빌린 책은 다 (읽었니, 읽어라)?

3 다음 문장에 어울리지 않는 말에 밑줄 긋고 바르게 고쳐 보세요.

❶ 목발을 짚을 아이가 힘겹게 걸어가고 있었다.　　정답 : ________________

❷ 3시에 만나기로 했는데 왜 아직도 안 왔다?　　정답 : ________________

❸ 어제 만나는 윤우는 내가 가장 아끼는 친구이다.　　정답 : ________________

❹ 알록달록한 스티커로 수첩을 꾸밈으로 했다.　　정답 : ________________

❺ 지은아, 더우면 외투 벗었다.　　정답 : ________________

4 다음의 낱말을 활용하여 다양한 문장을 써 보세요.

1 

자**다**[자다]

눈을 감고 쉬다.

형태가 바뀌지 않는 부분	형태가 바뀌는 부분	활용형
자-	-쓰니	
	-라	

____

____

2

버리**다**[버리다]

가지고 있을 필요가 없는 물건을 내던지거나 쏟거나 하다.

형태가 바뀌지 않는 부분	형태가 바뀌는 부분	활용형
버리-	-ㄴ	
	-자	

____

____

읽다[익따]

글이나 글자를 보고 그 음대로 소리 내어 말로써 나타내다.

형태가 바뀌지 않는 부분	형태가 바뀌는 부분	활용형
읽-	-는구나	
	-은	

씹다[씹따]

사람이나 동물이 음식을 입에 넣고 이로 잘게 자르거나
부드럽게 갈다.

형태가 바뀌지 않는 부분	형태가 바뀌는 부분	활용형
씹-	-어라	
	-는	

낱말퍼즐
단어를 맞추세요
드 라 　 어
드
스
도 라 　
비
외

학습목표

1. 연결 어미 '-고'의 위치와 기능을 이해할 수 있다.
2. 형태가 바뀌는 단어의 기본형을 찾을 수 있다.
3. 주어진 단어를 활용하여 문장을 만들 수 있다.

규칙 동사의 활용 분류

어간의 받침	어간의 끝음절 모음		
	ㅗ	ㅏ	'ㅗ, ㅏ'가 아닌 모음
없음	-고	-고	-고
있음	-고	-고	-고

• 연결 어미 '-고'의 위치는?
 – 모음의 종류와 관계없이 **모든 어간 뒤**에 써요.

32 -고

1 다음에 2

배움 공책

신-
신발이나 양말 등의 속으로 발을 넣어 발의 전부나 일부를 덮다.

-고
두 가지 이상의 사실을 나열하는 연결어미.

¹노란 장화를 신었다. 그리고² 우산을 꺼냈다.

노란 장화를 신고 우산을 꺼냈다.

- '-고'는 '그리고'와 같이 두 가지 이상의 사실을 나열할 때 써요.
- 앞의 말과 뒤의 말이 차례대로 다음에 일어날 때에도 사용할 수 있어요.

1 아래의 단어 목록을 리듬감 있게 읽어 보세요.

가고	따고	자고	주고
던지고	마시고	바꾸고	바라고
배우고	내려오고	깎고	낳고
받고	벗고	볶고	숨고
심고	웃고	잡고	찍고

20초 동안 정확하게 읽은 단어 ________/20개

2 아래의 문장을 소리 내어 읽고, 바르게 따라 써 보세요.

만나다

학교에 가면 친구들도
만나고, 선생님도 만나요.

막다

길을 막고, 공사했다.

먹다

밥을 먹고, 간식을 먹어요.

3 다음 문장의 빈칸에 어울리는 말을 골라 ○표 하세요.

❶ 왼손으로 책을 ___________ 오른손으로
책장을 넘긴다.

| 잡아서 | 잡고 |

❷ 책의 차례를 ___________ 펼쳐질 내용을
짐작해 본다.

| 보고 | 보다가 |

❸ 매일 책을 ___________ 기억에 남는
문장을 기록한다.

| 읽고 | 읽었고 |

4 파란색으로 표시된 동사를 살펴보고 형태가 바뀌지 않는 부분과 기본형을 써 보세요.

형태가 바뀌지 않는 부분	기본형
넣	넣다

❶ 자유형을 익히고 배영을 배웠다.

형태가 바뀌지 않는 부분	기본형

❷ 종이 울리고 수업이 시작되었다.

형태가 바뀌지 않는 부분	기본형

5 주어진 낱말을 '-고' 형태로 바꾸고, 그림에 어울리는 문장을 만들어 보세요.

6 주어진 문장에 꾸미는 말을 넣어 자세하게 표현해 보세요.

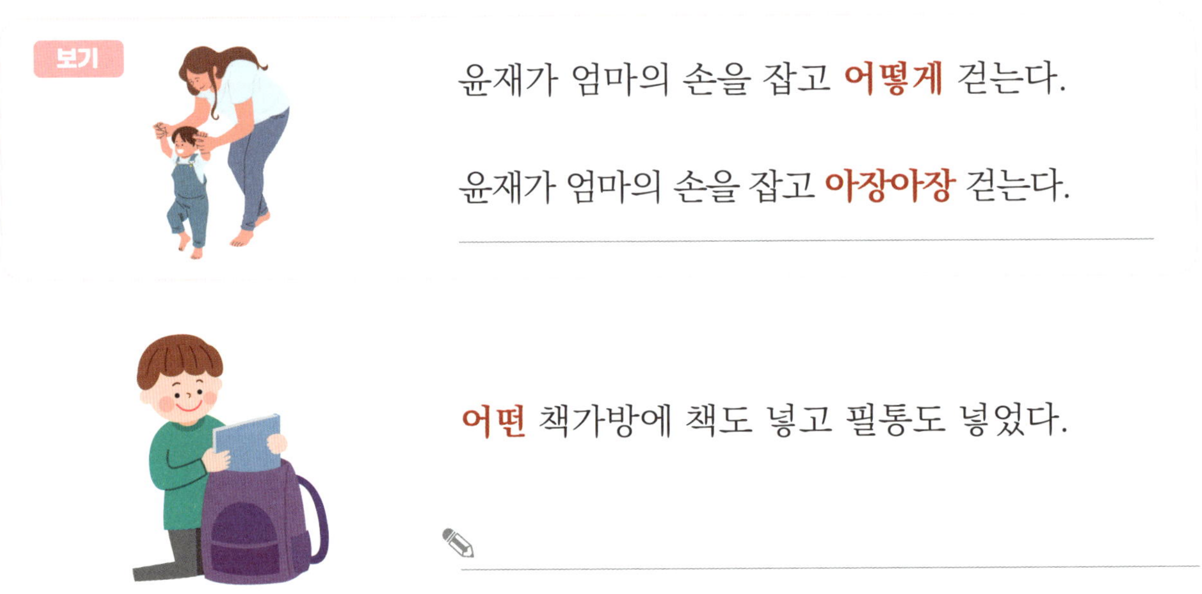

1. 연결 어미 '-면서'의 위치와 기능을 이해할 수 있다.

2. 형태가 바뀌는 단어의 기본형을 찾을 수 있다.

3. 주어진 단어를 활용하여 문장을 만들 수 있다.

규칙 동사의 활용 분류

어간의 받침	어간의 끝음절 모음		
	ㅗ	ㅏ	'ㅗ, ㅏ'가 아닌 모음
없음	-면서	-면서	-면서
있음	-으면서	-으면서	-으면서

• 연결 어미 '-면서'의 위치는?

– 모음의 종류와 관계없이 **받침이 없는 어간 뒤**에 써요.

책을 **빌려주**다. 편지를 건네다.

빌려주- + **-면서**

책을 **빌려주면서** 편지를 건네다.

빌려주-
물건이나 돈 등을 나중에 돌려받거나 대가를 받기로 하고 얼마 동안 쓰게 하다.

-면서
두 가지 이상의 동작이나 상태가 함께 일어남을 나타내는 연결어미

'-면서'는 두 가지 이상의 동작이나 상태가 함께 일어남을 나타낼 때 쓸 수 있어요.

1 아래의 단어 목록을 리듬감 있게 읽어 보세요.

뛰면서	보면서	사면서	쉬면서
오면서	자면서	주면서	짜면서
타면서	그리면서	나가면서	넘기면서
던지면서	떠나면서	마시면서	바꾸면서
내려오면서	걸어가면서	기다리면서	일어서면서

20초 동안 정확하게 읽은 단어 _______/20개

2 아래의 문장을 소리 내어 읽고, 바르게 따라 써 보세요.

떠나다

비행기는 활주로를 떠나면서 굉음을 냈다.

걸어가다

엄마는 걸어가면서 커피를 마신다.

그리다

친구와 그림을 그리면서 이야기를 나누었다.

3 다음 문장의 빈칸에 어울리는 말을 골라 ○표 하세요.

❶ 아버지께서는 ____________ 코를 고신다.　　주무시면서　　주무셔서

❷ 비행기 승무원이 시범을 ____________　　보이면서　　보면서
승객들에게 안전교육을 한다.

❸ 승훈이가 미나에게 편지를 ______ 사과했다.　　주면서　　주기로

4 파란색으로 표시된 동사를 살펴보고 형태가 바뀌지 않는 부분과 기본형을 써 보세요.

형태가 바뀌지 않는 부분	기본형
넘어지	넘어지다

❶ TV를 **보면서** 밥을 먹었다.

형태가 바뀌지 않는 부분	기본형

❷ 장애물 달리기는 **달리면서** 허들을 넘어야 한다.

형태가 바뀌지 않는 부분	기본형

 주어진 낱말을 '-면서' 형태로 바꾸고, 그림에 어울리는 문장을 만들어 보세요.

쉬다 　쉬면서

언니가 쉬면서 음악을 듣는다.

① 보다

② 싸우다

6 주어진 문장에 꾸미는 말을 넣어 자세하게 표현해 보세요.

언니가 쉬면서 **어떤** 노래를 듣는다.

언니가 쉬면서 **잔잔한** 음악을 듣는다.

선우는 넘어지면서 무릎을 **어떻게** 다쳤다.

학습목표

1. 연결 어미 '–으면서'의 위치와 기능을 이해할 수 있다.
2. 형태가 바뀌는 단어의 기본형을 찾을 수 있다.
3. 주어진 단어를 활용하여 문장을 만들 수 있다.

규칙 동사의 활용 분류

어간의 받침	어간의 끝음절 모음		
	ㅗ	ㅏ	'ㅗ, ㅏ' 가 아닌 모음
없음	–면서	–면서	–면서
있음	–으면서	–으면서	–으면서

- 연결 어미 '–으면서'의 위치는?
  – 모음의 종류와 관계없이 **받침이 있는 어간 뒤**에 써요.

34 -으면서

동생이 돈을 갚았다. 동생이 고맙다고 인사했다.

갚- + -으면서

동생이 돈을 갚으면서 고맙다고 인사했다.

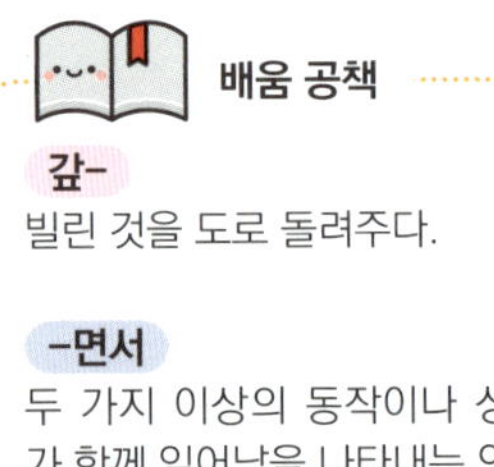

'-으면서'는 두 가지 이상의 동작이나 상태가 함께 일어남을 나타낼 때 쓸 수 있어요.

1 아래의 단어 목록을 리듬감 있게 읽어 보세요.

닦으면서	닫으면서	담으면서	박으면서
밟으면서	뱉으면서	벗으면서	볶으면서
삶으면서	섞으면서	숨으면서	씹으면서
업으면서	적으면서	짚으면서	쫓으면서
찢으면서	참으면서	찾으면서	쓰다듬으면서

20초 동안 정확하게 읽은 단어 _______/20개

2 아래의 문장을 소리 내어 읽고, 바르게 따라 써 보세요.

엄마는 머리를 쓰다듬으면서 나를 꼭 안아 주셨다.

누나는 졸음을 쫓으면서 공부했다.

아빠는 언제나 씻으면서 노래하신다.

3 다음 문장의 빈칸에 어울리는 말을 골라 ◯표 하세요.

❶ 스마트폰으로 전화를 ＿＿＿＿＿＿＿＿
상대의 얼굴도 볼 수 있다.

받더라도	받으면서

❷ 어머니께서는 우는 동생을 ＿＿＿＿＿＿＿＿
달래 주셨다.

업으면서	엎으면서

❸ 누나는 책상을 ＿＿＿＿＿＿ 콧노래를 불렀다.

닦으니까	닦으면서

4 파란색으로 표시된 동사를 살펴보고 형태가 바뀌지 않는 부분과 기본형을 써 보세요.

형태가 바뀌지 않는 부분	기본형
참	참다

❶ 버스는 문을 **닫으면서** 출발했다.

형태가 바뀌지 않는 부분	기본형

❷ 반성문을 **적으면서** 눈물을 흘렸다.

형태가 바뀌지 않는 부분	기본형

5 주어진 낱말을 '-으면서' 형태로 바꾸고, 그림에 어울리는 문장을 만들어 보세요.

먹다 먹으면서

예지는 음식을 먹으면서 쉬지 않고 말했다.

❶ 짖다

❷ 잡다

6 주어진 문장에 꾸미는 말을 넣어 자세하게 표현해 보세요.

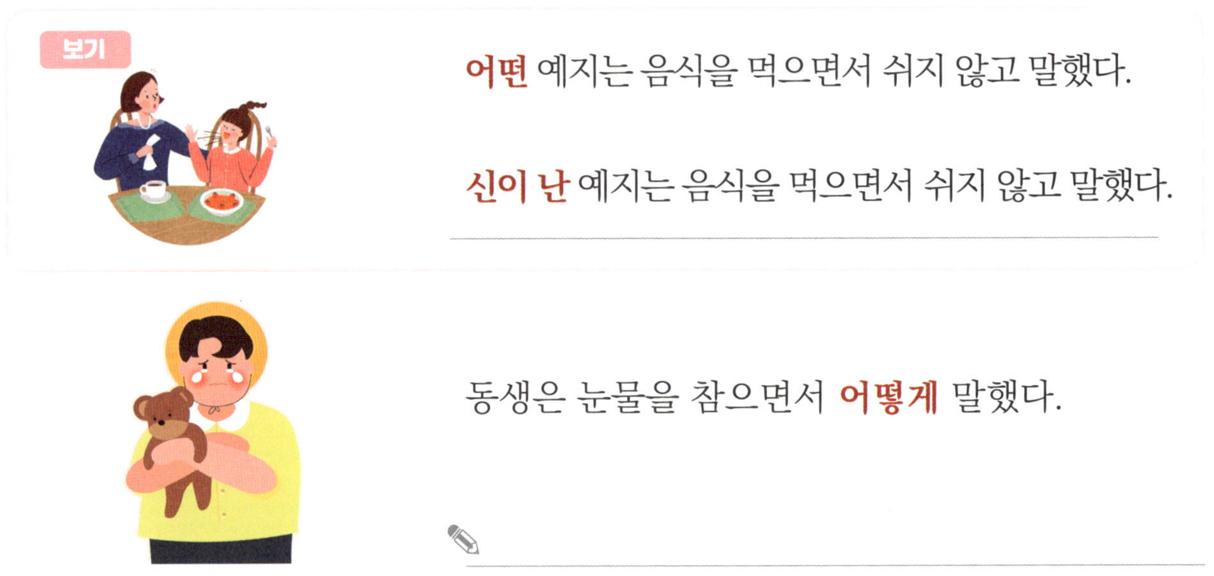

어떤 예지는 음식을 먹으면서 쉬지 않고 말했다.

신이 난 예지는 음식을 먹으면서 쉬지 않고 말했다.

동생은 눈물을 참으면서 **어떻게** 말했다.

1. 연결 어미 '-는데'의 위치와 기능을 이해할 수 있다.

2. 형태가 바뀌는 단어의 기본형을 찾을 수 있다.

3. 주어진 단어를 활용하여 문장을 만들 수 있다.

규칙 동사의 활용 분류

어간의 받침	어간의 끝음절 모음		
	ㅗ	ㅏ	'ㅗ, ㅏ'가 아닌 모음
없음	-는데	-는데	-는데
있음	-는데	-는데	-는데

• 연결 어미 '-는데'의 위치는?

– 모음의 종류와 관계없이 **모든 어간 뒤**에 써요.

35 -는데

배움 공책

지우-
쓰거나 그린 것 또는 흔적 등을 도구를 사용해 안 보이게 없애다.

-는데
뒤의 말을 하기 위하여 그 대상과 관련이 있는 상황을 미리 말함을 나타내는 연결 어미.

1 다음에 2

[1]벽에 낙서를 지웠다. 그런데 [2]벽에 얼룩이 남았다.

벽에 낙서를 지우는데, 얼룩이 남았다.

- '-는데'는 뒤의 말을 하기 위하여 그 대상과 관련이 있는 상황을 미리 말함을 나타낼 때 써요.
- 앞의 내용을 뒤의 내용과 대립되도록 이어 주는 데 쓰기도 해요.

1 아래의 단어 목록을 리듬감 있게 읽어 보세요.

주는데	보는데	사는데	짜는데
떠나는데	바라는데	치우는데	헤매는데
가르치는데	헷갈리는데	겪는데	꽂는데
막는데	묶는데	밟는데	뽑는데
신는데	입는데	품는데	쓰다듬는데

20초 동안 정확하게 읽은 단어 _______/20개

2 아래의 문장을 소리 내어 읽고, 바르게 따라 써 보세요.

치다

매일 피아노를 치는데 실력이 제자리이다.

자다

잠을 자는데 계속 콧물이 흘렀다.

뽑다

이를 뽑는데 눈물이 났다.

3 다음 문장의 빈칸에 어울리는 말을 골라 ○표 하세요.

❶ 방을 ＿＿＿＿＿＿ 두 시간이나 걸렸다.　　　치워서　　　치우는데

❷ 계획표를 그리면 방학 계획을 ＿＿＿＿＿　　　짜는데　　　짜서
　 도움이 된다.

❸ 학교 앞에서 전단지를 ＿＿＿＿＿　　　나눠주는데　　　나눠주어서
　 아무도 받지 않았다.

4 파란색으로 표시된 동사를 살펴보고 형태가 바뀌지 않는 부분과 기본형을 써
보세요.

형태가 바뀌지 않는 부분	기본형
추	추다

❶ 눈이 **내리는데** 날씨가 따뜻하다.

형태가 바뀌지 않는 부분	기본형

❷ 시간은 **가는데** 아무도 오지 않는다.

형태가 바뀌지 않는 부분	기본형

5 주어진 낱말을 '-는데' 형태로 바꾸고, 그림에 어울리는 문장을 만들어 보세요.

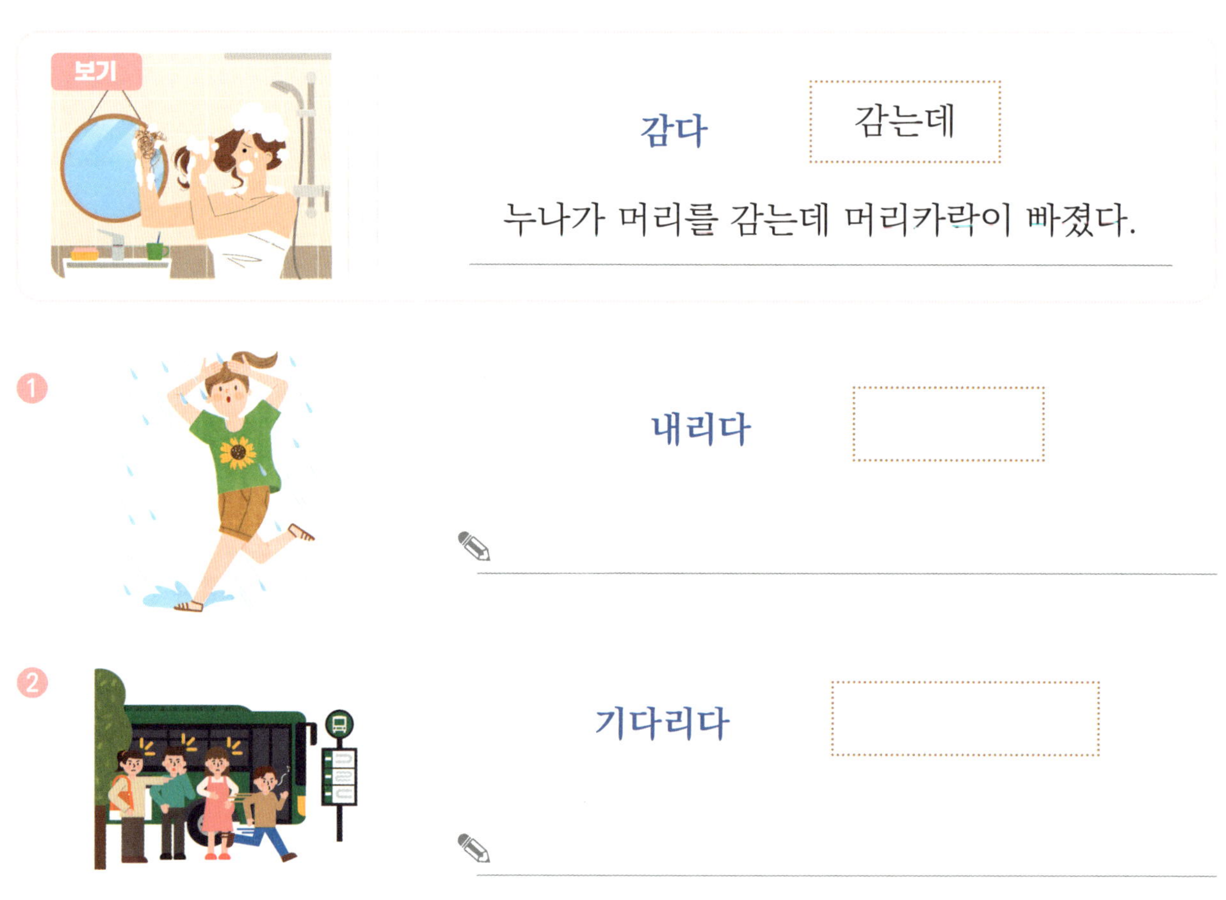

감다 　 감는데

누나가 머리를 감는데 머리카락이 빠졌다.

① 　 내리다

✎

② 　 기다리다

✎

6 주어진 문장에 꾸미는 말을 넣어 자세하게 표현해 보세요.

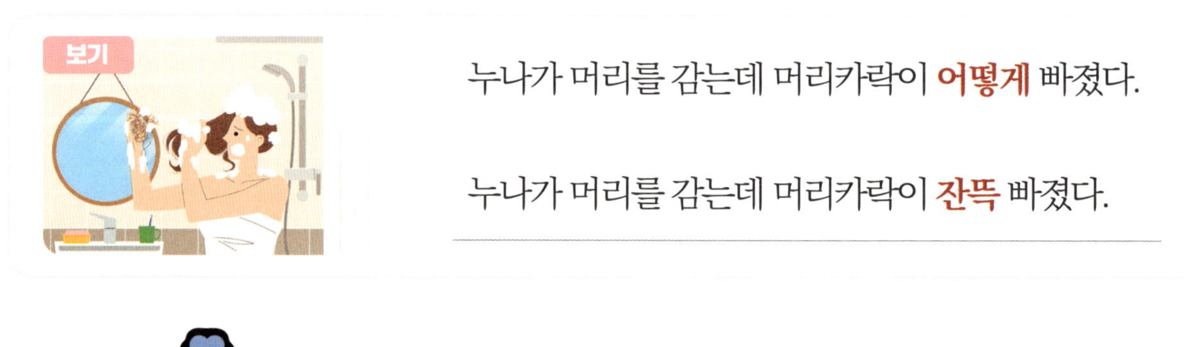

누나가 머리를 감는데 머리카락이 **어떻게** 빠졌다.

누나가 머리를 감는데 머리카락이 **잔뜩** 빠졌다.

다정이는 춤은 **어떻게** 잘 추는데 노래는 잘 못 부른다.

✎

학습목표

1. 연결 어미 '-아서'의 위치와 기능을 이해할 수 있다.

2. 형태가 바뀌는 단어의 기본형을 찾을 수 있다.

3. 주어진 단어를 활용하여 문장을 만들 수 있다.

규칙 동사의 활용 분류

어간의 받침	어간의 끝음절 모음		
	ㅗ	ㅏ	'ㅗ, ㅏ'가 아닌 모음
없음	-아서	-서	-어서
있음	-아서	-아서	-어서

• 연결 어미 '-아서'의 위치는?

　– **받침이 없고, 끝음절의 모음이 /ㅗ/인 어간 뒤**에 써요.

　– **받침이 있고, 끝음절의 모음이 /ㅗ/, /ㅏ/인 어간 뒤**에 써요.

36 -아서

1 다음에 2

¹머리를 박았다. 그래서 ²혹이 생겼다.

머리를 박아서 혹이 생겼다.

[한글 맞춤법]
• 모음 'ㅗ'로 끝난 어간에 '-아'가 어울려 'ㅘ'로 될 적에는 준 대로 적는다.
▶ 보 -아서 → 봐서(○), 보아서(○)　　▶ 오 -아서 → 와서(○), 오아서(✕)

1 아래의 단어 목록을 리듬감 있게 읽어 보세요.

감아서	갚아서	깎아서	낳아서
놓아서	닦아서	닫아서	담아서
막아서	박아서	받아서	볶아서
삶아서	쌓아서	앉아서	쫓아서
봐서	와서	나와서	내려와서

20초 동안 정확하게 읽은 단어 ________/20개

2 아래의 문장을 소리 내어 읽고, 바르게 따라 써 보세요.

오다

비가 많이 와서 바닥이 미끄럽다.

보다

그 소식은 신문을 봐서 알고 있다.

삶다

면을 삶아서 토마토소스에 부었다.

3 다음 문장의 빈칸에 어울리는 말을 골라 ○표 하세요.

❶ 아빠랑 마주 __________ 책을 읽었다.　　앉아서　　앉지만

❷ 엄마와 나는 얼굴이 꼭 __________ 사람들은　　닮은　　닮아서

　 우리를 붕어빵이라고 불렀다.

❸ 돌을 __________ 탑을 만들었다.　　쌓아서　　쌓고

4 파란색으로 표시된 동사를 살펴보고 형태가 바뀌지 않는 부분과 기본형을 써
　 보세요.

형태가 바뀌지 않는 부분	기본형
받	받다

❶ 지름길을 **막아서** 돌아왔어요.

형태가 바뀌지 않는 부분	기본형

❷ 오늘은 도서관이 문을 **닫아서**
　 내일까지 기다려야 해요.

형태가 바뀌지 않는 부분	기본형

5 주어진 낱말을 '–아서' 형태로 바꾸고, 그림에 어울리는 문장을 만들어 보세요.

보기

밟다   밟아서

물을 밟아서 넘어졌다.

① 맞다

② 들어오다

6 주어진 문장에 꾸미는 말을 넣어 자세하게 표현해 보세요.

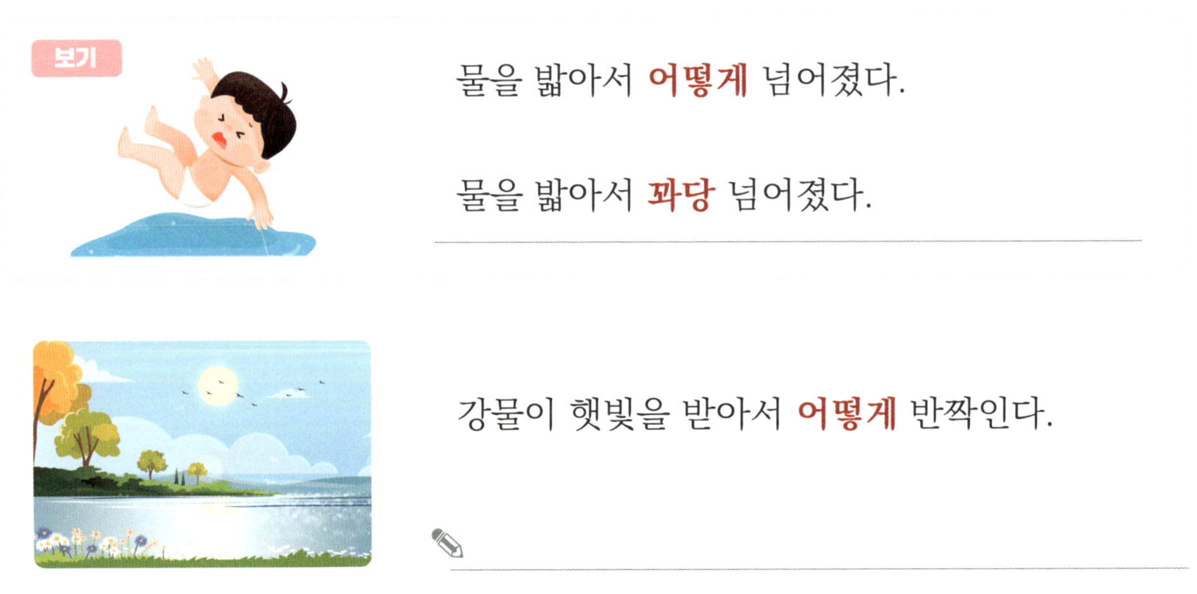

보기

물을 밟아서 **어떻게** 넘어졌다.

물을 밟아서 **꽈당** 넘어졌다.

강물이 햇빛을 받아서 **어떻게** 반짝인다.

1. 연결 어미 '-어서'의 위치와 기능을 이해할 수 있다.
2. 형태가 바뀌는 단어의 기본형을 찾을 수 있다.
3. 주어진 단어를 활용하여 문장을 만들 수 있다.

규칙 동사의 활용 분류

어간의 받침	어간의 끝음절 모음		
	ㅗ	ㅏ	'ㅗ, ㅏ'가 아닌 모음
없음	-아서	-서	-어서
있음	-아서	-아서	-어서

• 연결 어미 '-어서'의 위치는?
  – 끝음절의 모음이 /ㅗ/, /ㅏ/가 아닌 어간 뒤에 써요.

37 -어서

1 다음에 2

¹이가 썩다. 그래서 ²치과에 갔다.

이가 썩어서 치과에 갔다.

배움 공책

썩-
치아나 피부 등 몸의 일부분이 세균으로 인해 기능을 잃고 회복하기 어려운 상태가 되다.

-어서
시간적 순서를 나타내고, 이유나 근거, 수단이나 방법을 나타내는 연결 어미.

[한글 맞춤법]
- 모음 'ㅜ'로 끝난 어간에 '-어/-었-'이 어울려 줄 적에는 준 대로 적는다. ▶ 지우 -어서 → 지워서(○), 지우어서(✕)
- 모음 'ㅣ'로 끝난 어간에 '-어'가 와서 '여'로 줄 적에는 준 대로 적는다. ▶ 기다리 -어서 → 기다려서(○), 기다리어서(✕)

1 아래의 단어 목록을 리듬감 있게 읽어 보세요.

뛰어서	재어서	주어서	쉬어서
걷어서	겪어서	뜯어서	뱉어서
씹어서	있어서	집어서	찍어서
바꿔서	배워서	지워서	빌려줘서
꾸며서	던져서	기다려서	엎드려서

20초 동안 정확하게 읽은 단어 ________/20개

2 아래의 문장을 소리 내어 읽고, 바르게 따라 써 보세요.

집다

서아가 블록을 집어서 성을 올렸다.

업다

엄마는 아기를 업어서 재운다.

꾸미다

크리스마스트리를 근사하게 꾸며서 보기 좋았다.

3 다음 문장의 빈칸에 어울리는 말을 골라 ○표 하세요.

❶ 용돈을 ＿＿＿＿＿＿＿＿ 저금을 했다.

| 아끼니 | 아껴서 |

❷ 어머니께서는 빵을 반으로 ＿＿＿＿＿＿＿＿
나와 동생의 접시에 담아 주셨다.

| 나눠서 | 나누면서 |

❸ 민재야, 재미있는 책을 ＿＿＿＿＿＿ 고마워

| 빌려줘서 | 빌려서 |

4 파란색으로 표시된 동사를 살펴보고 형태가 바뀌지 않는 부분과 기본형을 써 보세요.

형태가 바뀌지 않는 부분	기본형
입	입다

❶ 학교까지 **뛰어서** 갔다.

형태가 바뀌지 않는 부분	기본형

❷ 매일 같은 것만 **신어서** 신발이 낡았다.

형태가 바뀌지 않는 부분	기본형

5 주어진 낱말을 '–어서' 형태로 바꾸고, 그림에 어울리는 문장을 만들어 보세요.

보기

먹다　　먹어서

민준이는 음식을 잘못 먹어서 배가 아팠다.

① **부딪히다**

② **엎드리다**

6 주어진 문장에 꾸미는 말을 넣어 자세하게 표현해 보세요.

보기

민준이는 **어떤** 음식을 먹어서 배가 아팠다.

민준이는 **상한** 음식을 먹어서 배가 아팠다.

나는 **어떤** 외투를 입어서 춥지 않았다.

1. 연결 어미 '-서'의 위치와 기능을 이해할 수 있다.
2. 형태가 바뀌는 단어의 기본형을 찾을 수 있다.
3. 주어진 단어를 활용하여 문장을 만들 수 있다.

규칙 동사의 활용 분류

어간의 받침	어간의 끝음절 모음		
	ㅗ	ㅏ	'ㅗ, ㅏ'가 아닌 모음
없음	-아서	-서	-어서
있음	-아서	-아서	-어서

• 연결 어미 '-서'의 위치는?
– **끝음절이 /ㅏ/, /ㅐ/, /ㅓ/, /ㅔ/인 받침 없는 어간** 뒤에 써요.

38 줄여 적는 '-서'

1 다음에 2

[1]양동이에 물이 가득 **차다**. 그래서 [2]양동이에 물이 넘쳤다.

양동이에 물이 가득 **차서** 물이 넘쳤다.

[한글 맞춤법]
- 끝음절이 /ㅏ/, /ㅐ/, /ㅓ/, /ㅔ/인 받침 없는 어간 뒤에 쓴다.
  ▶ 가 -아서 → 가서(○), 가아서(✕)　　▶ 서 -어서 → 서서(○), 서어서(✕)
- 어간 끝모음 'ㅐ, ㅔ' 뒤에 '-어, -었-'이 결합할 때도 모음이 줄어들 수 있다.

배움 공책

차-
일정한 공간에 사람, 사물, 냄새 따위가 더 들어갈 수 없이 가득하게 되다.

-서
시간적 순서를 나타내고, 이유나 근거, 수단이나 방법을 나타내는 연결 어미.

1 아래의 단어 목록을 리듬감 있게 읽어 보세요.

가서	따서	사서	서서
자서	짜서	켜서	타서
파서	펴서	건너서	나가서
떠나서	만나서	빛나서	신나서
자라서	걸어가서	올라가서	일어서서

20초 동안 정확하게 읽은 단어 ________/20개

2 아래의 문장을 소리 내어 읽고, 바르게 따라 써 보세요.

가다

가족들과 목장에 **가서** 염소를 보았다.

자다

선잠을 **자서** 연신 하품을 한다.

일어서다

동생은 스스로 **일어서서** 걷기 시작했다.

3 다음 문장의 빈칸에 어울리는 말을 골라 ○표 하세요.

❶ 간식을 _____________ 친구와 나눠 먹었다. | 사서 | 살

❷ 이모가 털실로 목도리를 _____________ 선물해 주셨다. | 짜는데 | 짜서

❸ 종이에 껌을 ___________ 휴지통에 버렸다. | 싸서 | 싸다가

4 파란색으로 표시된 동사를 살펴보고 형태가 바뀌지 않는 부분과 기본형을 써 보세요.

형태가 바뀌지 않는 부분	기본형
일어서	일어서다

❶ 간식에 손이 **가서** 멀리 치웠다.

형태가 바뀌지 않는 부분	기본형

❷ 작은 물줄기가 **만나서** 강을 이룬다.

형태가 바뀌지 않는 부분	기본형

5 주어진 낱말을 '-서' 형태로 바꾸고, 그림에 어울리는 문장을 만들어 보세요.

나다 나서

땀이 나서 옷이 젖었다.

① 서다

② 따다

6 주어진 문장에 꾸미는 말을 넣어 자세하게 표현해 보세요.

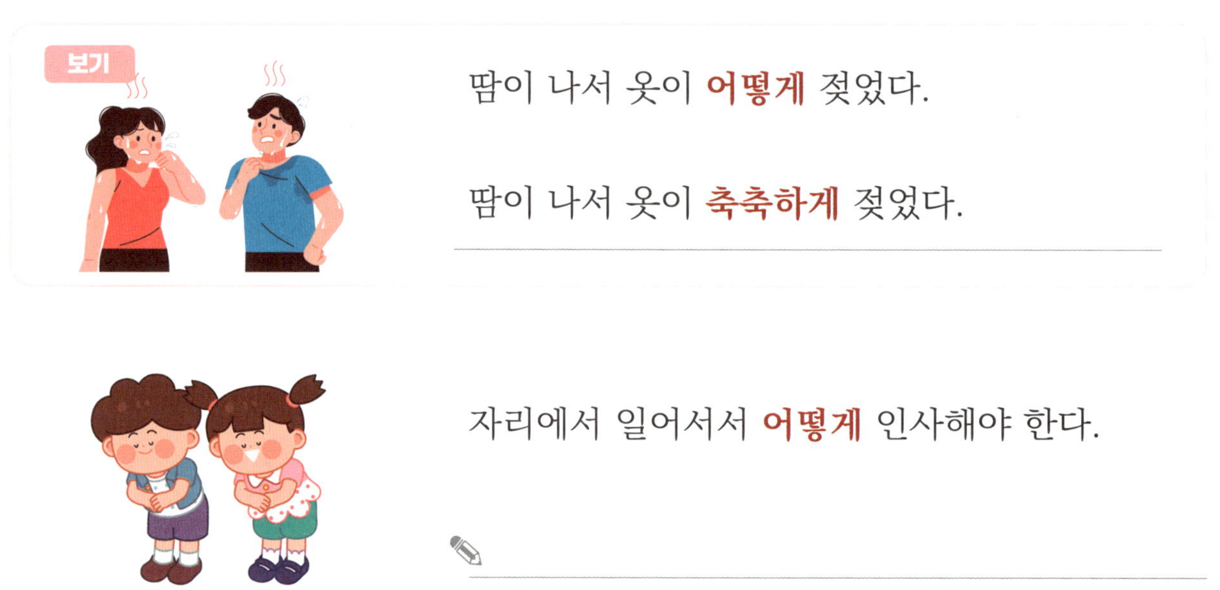

땀이 나서 옷이 **어떻게** 젖었다.

땀이 나서 옷이 **축축하게** 젖었다.

자리에서 일어서서 **어떻게** 인사해야 한다.

1. 연결 어미 '–면'의 위치와 기능을 이해할 수 있다.

2. 형태가 바뀌는 단어의 기본형을 찾을 수 있다.

3. 주어진 단어를 활용하여 문장을 만들 수 있다.

규칙 동사의 활용 분류

어간의 받침	어간의 끝음절 모음		
	ㅗ	ㅏ	'ㅗ, ㅏ'가 아닌 모음
없음	–면	–면	–면
있음	–으면	–으면	–으면

• 연결 어미 '–면'의 위치는?
– 모음의 종류와 관계없이 **받침이 없는 어간 뒤**에 써요.

39 -면

1 다음에 2

¹차를 탄다. 그러면 ²안전벨트를 매야 한다.

차를 타면 안전벨트를 매야 한다.

배움 공책

타-
탈것이나 탈것으로 이용하는 짐승의 몸 위에 오르다.

-면
불확실한 사실을 가정하여 말할 때, 뒤에 오는 말에 대한 근거나 조건이 됨을 나타내는 연결 어미.

'-면'은 ① 불확실한 사실을 가정하여 말할 때, ② 뒤에 오는 말에 대한 근거나 조건이 됨을 나타낼 때, ③ 현실과 다른 사실을 가정하여 나타낼 때 쓸 수 있어요.

1 아래의 단어 목록을 리듬감 있게 읽어 보세요.

가면	따면	보면	사면
쉬면	오면	자면	주면
타면	그리면	넘기면	달리면
떠나면	마시면	만나면	바꾸면
바라면	배우면	버리면	이기면

20초 동안 정확하게 읽은 단어 _______/20개

2 아래의 문장을 소리 내어 읽고, 바르게 따라 써 보세요.

바꾸다

칫솔은 언제 새것으로 바꾸면 되나요?

마시다

깨끗한 물을 마시면 건강에 도움이 된다.

바라다

간절히 바라면 기도가 이루어집니다.

3 다음 문장의 빈칸에 어울리는 말을 골라 ○표 하세요.

❶ 줄을 설 때는 __________ 안 된다.　　　끼어들면　　끼어들지

❷ 학교에 __________ 친구들과 함께 공부한다.　　　가더라도　　가면

❸ 이번 경기에서 __________ 결승전에 나간다.　　　이기면　　이겼지만

4 파란색으로 표시된 동사를 살펴보고 형태가 바뀌지 않는 부분과 기본형을 써 보세요.

봄이 **오**면 꽃이 핀다.

형태가 바뀌지 않는 부분	기본형
오	오다

❶ 친구에게 선물을 **주면** 행복한 마음이 든다.

형태가 바뀌지 않는 부분	기본형

❷ 조금만 **기다리면** 버스가 도착하겠다.

형태가 바뀌지 않는 부분	기본형

5 주어진 낱말을 '-면' 형태로 바꾸고, 그림에 어울리는 문장을 만들어 보세요.

대다   대면

소라 껍질에 귀를 대면 바다 소리가 들린다.

① 나다

② 만나다

6 주어진 문장에 꾸미는 말을 넣어 자세하게 표현해 보세요.

소라 껍질에 귀를 대면 **어떤** 바다 소리가 들린다.

소라 껍질에 귀를 대면 **시원한** 바다 소리가 들린다.

어떤 봄이 오면 꽃이 핀다.

학습목표

1. 연결 어미 '-으면'의 위치와 기능을 이해할 수 있다.

2. 형태가 바뀌는 단어의 기본형을 찾을 수 있다.

3. 주어진 단어를 활용하여 문장을 만들 수 있다.

규칙 동사의 활용 분류

어간의 받침	어간의 끝음절 모음		
	ㅗ	ㅏ	'ㅗ, ㅏ' 가 아닌 모음
없음	–면	–면	–면
있음	–으면	–으면	–으면

 • 연결 어미 '-으면'의 위치는?
   – 모음의 종류와 관계없이 **받침이 있는 어간** 뒤에 써요.

40 -으면

1이 2의 조건

¹젖니를 **뽑**다. 그러면 ²새 이가 난다.

젖니를 **뽑으면** 새 이가 난다.

배움 공책

읽-
글을 보고 뜻을 알다.

-으면
불확실한 사실을 가정하여 말할 때, 뒤에 오는 말에 대한 근거나 조건이 됨을 나타내는 연결 어미.

'-으면'은 ① 불확실한 사실을 가정하여 말할 때, ② 뒤에 오는 말에 대한 근거나 조건이 됨을 나타낼 때, ③ 현실과 다른 사실을 가정하여 나타낼 때 쓸 수 있어요.

1 아래의 단어 목록을 리듬감 있게 읽어 보세요.

놓으면	닫으면	막으면	먹으면
밟으면	뱉으면	벗으면	뽑으면
삶으면	숨으면	심으면	쌓으면
앉으면	웃으면	읽으면	잊으면
잡으면	접으면	참으면	쓰다듬으면

20초 동안 정확하게 읽은 단어 ________/20개

2 아래의 문장을 소리 내어 읽고, 바르게 따라 써 보세요.

안다

인형을 안으면
포근한 느낌이 든다.

심다

나무를 심으면
홍수에 대비할 수 있다.

감다

머리를 감으면
기분까지 상쾌해요.

3 다음 문장의 빈칸에 어울리는 말을 골라 ○표 하세요.

❶ 다정아, 나랑 한 약속 __________ 안 돼.   잊으면   잊음

❷ 친구를 __________ 안 돼요.   괴롭히면   괴롭히지

❸ 엄마의 손을 __________ 마음이 편안해요.   잡았지만   잡으면

4 파란색으로 표시된 동사를 살펴보고 형태가 바뀌지 않는 부분과 기본형을 써 보세요.

창문을 **닫**으면 방 안이 조용해진다.

형태가 바뀌지 않는 부분	기본형
닫	닫다

❶ 조금만 **참으면** 정상에 오른다.

형태가 바뀌지 않는 부분	기본형

❷ 자주 **웃으면** 행복해진다.

형태가 바뀌지 않는 부분	기본형

5 주어진 낱말을 '–으면' 형태로 바꾸고, 그림에 어울리는 문장을 만들어 보세요.

익다　　익으면

국수가 익으면 집게로 건진다.

❶　　익다

❷　　담다

6 주어진 문장에 꾸미는 말을 넣어 자세하게 표현해 보세요.

국수가 익으면 집게로 **어떻게** 건진다.

국수가 익으면 집게로 **모두** 건진다.

창문을 **어떻게** 닫으면 방 안이 조용해진다.

학습목표

1. 연결 어미 '-니까'의 위치와 기능을 이해할 수 있다.
2. 형태가 바뀌는 단어의 기본형을 찾을 수 있다.
3. 주어진 단어를 활용하여 문장을 만들 수 있다.

규칙 동사의 활용 분류

어간의 받침	어간의 끝음절 모음		
	ㅗ	ㅏ	'ㅗ, ㅏ' 가 아닌 모음
없음	-니까	-니까	-니까
있음	-으니까	-으니까	-으니까

- 연결 어미 '-니까'의 위치는?
  - 모음의 종류와 관계없이 **받침이 없는 어간 뒤**에 써요.

41 -니까

1 다음에 2

¹배우들이 무대에서 내려오다.
그러니까 ²관객들이 박수를 쳤다.

무대에서 내려오니까 관객들이 박수를 쳤다.

> 배움 공책
>
> **내려오-**
> 위에서 아래로 오다.
>
> **-니까**
> 뒤에 오는 말에 대하여 앞에 오는 말이 원인이나 근거가 됨을 강조하여 나타내는 연결 어미.

'-니까'는 뒤에 오는 말에 대하여 앞에 오는 말이 원인이나 근거가 됨을 강조하여 나타낼 때 쓸 수 있어요.

1 아래의 단어 목록을 리듬감 있게 읽어 보세요.

까니까	뛰니까	매니까	메니까
쉬니까	쏘니까	켜니까	타니까
파니까	그리니까	나가니까	넘기니까
던지니까	마시니까	버리니까	빛나니까
자라니까	키우니까	내려오니까	물어보니까

20초 동안 정확하게 읽은 단어 ________/20개

2 아래의 문장을 소리 내어 읽고, 바르게 따라 써 보세요.

그리다

벽화를 그리니까 마을이 밝아졌다.

이기다

대한민국이 이기니까 환호성이 터져 나왔다.

물어보다

전화로 상담사에게 물어보니까 친절히 답변해 주었다.

3 다음 문장의 빈칸에 어울리는 말을 골라 ○표 하세요.

❶ 수영을 __________ 물놀이가 더 재미있다. | 배운다면 | 배우니까 |

❷ 갯벌을 __________ 조개가 나왔다. | 파니까 | 판다면 |

❸ 선물 상자에 리본을 __________ 근사하다. | 메니까 | 매니까 |

4 파란색으로 표시된 동사를 살펴보고 형태가 바뀌지 않는 부분과 기본형을 써 보세요.

형태가 바뀌지 않는 부분	기본형
까	까다

❶ 자리를 **바꾸니까** 칠판 글씨가 잘 보인다.

형태가 바뀌지 않는 부분	기본형

❷ 겨울에는 해가 일찍 **지니까** 밤이 길다.

형태가 바뀌지 않는 부분	기본형

5 주어진 낱말을 '–니까' 형태로 바꾸고, 그림에 어울리는 문장을 만들어 보세요.

치우다   치우니까

함께 치우니까 집안이 순식간에 깨끗해졌다.

① **떼다**

② **켜다**

6 주어진 문장에 꾸미는 말을 넣어 자세하게 표현해 보세요.

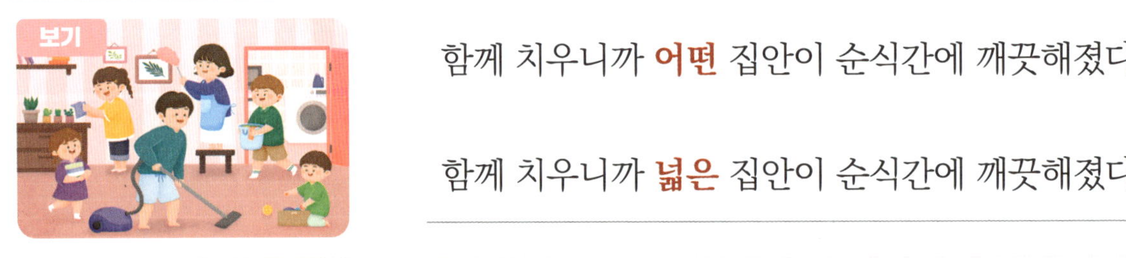

함께 치우니까 **어떤** 집안이 순식간에 깨끗해졌다.

함께 치우니까 **넓은** 집안이 순식간에 깨끗해졌다.

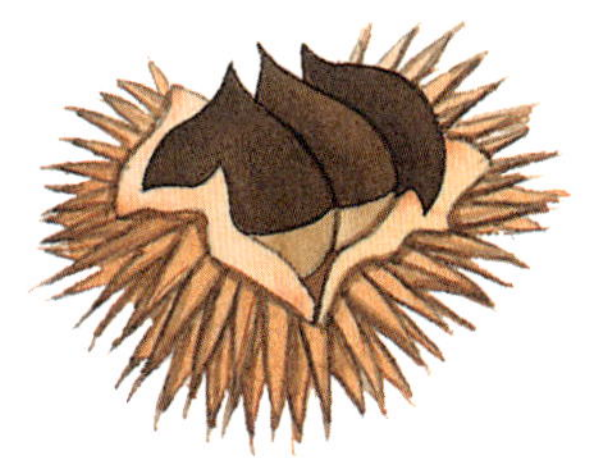

밤송이를 까니까 **어떤** 알밤이 세 개 들어 있었다.

1. 연결 어미 '-으니까'의 위치와 기능을 이해할 수 있다.

2. 형태가 바뀌는 단어의 기본형을 찾을 수 있다.

3. 주어진 단어를 활용하여 문장을 만들 수 있다.

규칙 동사의 활용 분류

어간의 받침	어간의 끝음절 모음		
	ㅗ	ㅏ	'ㅗ, ㅏ'가 아닌 모음
없음	-니까	-니까	-니까
있음	-으니까	-으니까	-으니까

• 연결 어미 '-으니까'의 위치는?

– 모음의 종류와 관계없이 **받침이 있는 어간 뒤**에 써요.

42 -으니까

1 다음에 2

¹코코아에 우유를 섞다. 그러니까 ²맛이 더 부드러워졌다.

코코아에 우유를 섞으니까, 맛이 더 부드러워졌다.

 '-으니까'는 뒤에 오는 말에 대하여 앞에 오는 말이 원인이나 근거가 됨을 강조하여 나타낼 때 쓸 수 있어요.

1 아래의 단어 목록을 리듬감 있게 읽어 보세요.

깎으니까	꽂으니까	닦으니까	뜯으니까
막으니까	박으니까	벗으니까	삶으니까
신으니까	심으니까	쌓으니까	안으니까
업으니까	얹으니까	있으니까	찍으니까
찢으니까	참으니까	찾으니까	쓰다듬으니까

20초 동안 정확하게 읽은 단어 ________/20개

2 아래의 문장을 소리 내어 읽고, 바르게 따라 써 보세요.

앓다

양치질을 앓으니까 이가 썩는다.

먹다

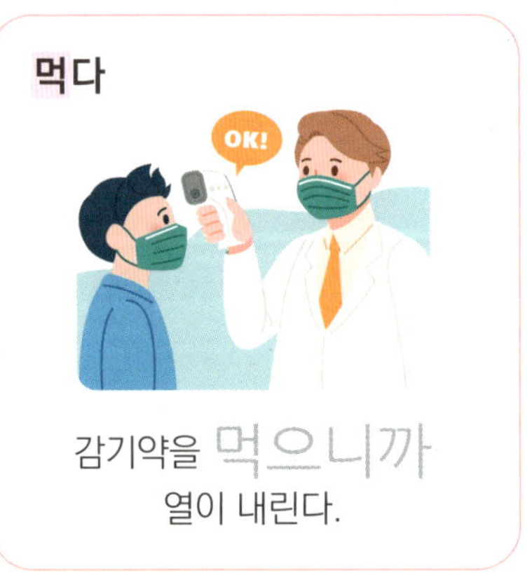

감기약을 먹으니까 열이 내린다.

묶다

머리를 양 갈래로 묶으니까 더 귀엽다.

3 다음 문장의 빈칸에 어울리는 말을 골라 ◯표 하세요.

❶ 이를 ＿＿＿＿＿＿＿ 좋은 냄새가 난다.　　닦으니까　　닦고

❷ 머리를 ＿＿＿＿＿＿＿ 시원한 느낌이 든다.　　깎자고　　깎으니까

❸ 따뜻한 물에 ＿＿＿＿＿＿＿ 잠이 잘 온다.　　씻으니까　　씻으라고

4 파란색으로 표시된 동사를 살펴보고 형태가 바뀌지 않는 부분과 기본형을 써 보세요.

형태가 바뀌지 않는 부분	기본형
신	신다

❶ 껌을 **씹으니까** 졸음이 달아난다.

형태가 바뀌지 않는 부분	기본형

❷ 둑을 **쌓으니까** 홍수 피해가 줄어들었다.

형태가 바뀌지 않는 부분	기본형

5 주어진 낱말을 '−으니까' 형태로 바꾸고, 그림에 어울리는 문장을 만들어 보세요.

보기

덮다 　덮으니까

이불을 덮으니까 몸이 따뜻해진다.

① 닦다

② 넣다

6 주어진 문장에 꾸미는 말을 넣어 자세하게 표현해 보세요.

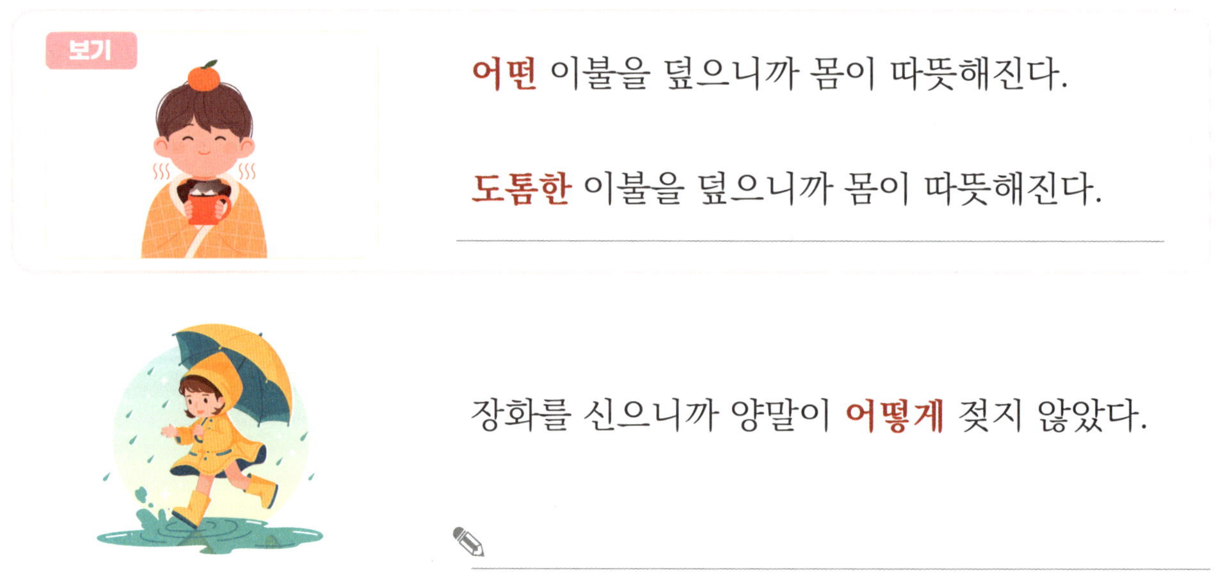

보기

어떤 이불을 덮으니까 몸이 따뜻해진다.

도톰한 이불을 덮으니까 몸이 따뜻해진다.

장화를 신으니까 양말이 **어떻게** 젖지 않았다.

1. 연결 어미 '-려고'의 위치와 기능을 이해할 수 있다.
2. 형태가 바뀌는 단어의 기본형을 찾을 수 있다.
3. 주어진 단어를 활용하여 문장을 만들 수 있다.

규칙 동사의 활용 분류

어간의 받침	어간의 끝음절 모음		
	ㅗ	ㅏ	'ㅗ, ㅏ'가 아닌 모음
없음	-려고	-려고	-려고
있음	-으려고	-으려고	-으려고

• 연결 어미 '-려고'의 위치는?
– 모음의 종류와 관계없이 **받침이 없는 어간 뒤**에 써요.

43 -려고

땅을 파다. 삽을 들었다.

파- + -려고

땅을 파려고 삽을 들었다.

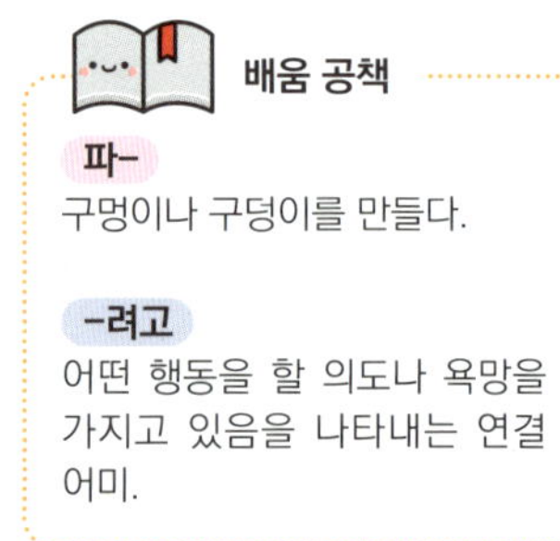

'-려고'는 어떤 행동을 할 의도나 욕망을 가지고 있음을 나타낼 때 쓸 수 있어요.

1 아래의 단어 목록을 리듬감 있게 읽어 보세요.

뛰려고	보려고	사려고	쉬려고
자려고	주려고	차려고	타려고
나가려고	나오려고	넘기려고	떠나려고
만나려고	바꾸려고	버리려고	지우려고
가르치려고	도와주려고	물어보려고	빌려주려고

20초 동안 정확하게 읽은 단어 _______/20개

2 아래의 문장을 소리 내어 읽고, 바르게 따라 써 보세요.

내려오다

거미가 내려오려고 실을 뽑는다.

키우다

우리는 집에서 강아지를 키우려고 부모님을 졸랐다.

일어나다

잠자리에서 일어나려고 기지개를 켰다.

3 다음 문장의 빈칸에 어울리는 말을 골라 ○표 하세요.

❶ 친구를 ___________ 집에서 나왔다.　　　| 만나려고 | 만나자면 |

❷ 길을 ___________ 횡단보도에 섰다.　　　| 건너고 | 건너려고 |

❸ 다친 친구를 ___________ 친구의 가방을 　| 도와주려고 | 도와준다면 |
들었다.

4 파란색으로 표시된 동사를 살펴보고 형태가 바뀌지 않는 부분과 기본형을 써
보세요.

동생에게 **주**려고
귀여운 인형을 골랐다.

형태가 바뀌지 않는 부분	기본형
주	주다

❶ 잠시 **쉬려고** 침대에 누웠다.

형태가 바뀌지 않는 부분	기본형

❷ 밖으로 **나가려고** 외출복으로
갈아입었다.

형태가 바뀌지 않는 부분	기본형

5 주어진 낱말을 '-려고' 형태로 바꾸고, 그림에 어울리는 문장을 만들어 보세요.

6 주어진 문장에 꾸미는 말을 넣어 자세하게 표현해 보세요.

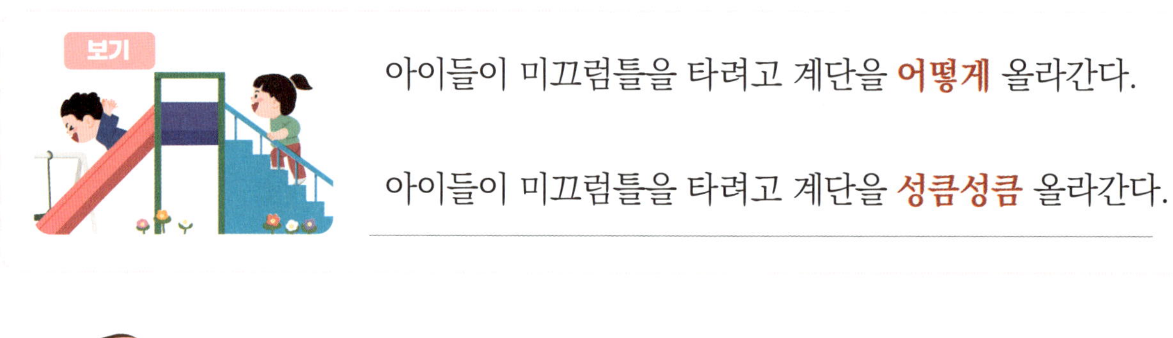

동생에게 주려고 **어떤** 인형을 골랐다.

학습목표

1. 연결 어미 '-으려고'의 위치와 기능을 이해할 수 있다.
2. 형태가 바뀌는 단어의 기본형을 찾을 수 있다.
3. 주어진 단어를 활용하여 문장을 만들 수 있다.

규칙 동사의 활용 분류

어간의 받침	어간의 끝음절 모음		
	ㅗ	ㅏ	'ㅗ, ㅏ'가 아닌 모음
없음	-려고	-려고	-려고
있음	-으려고	-으려고	-으려고

• 연결 어미 '-으려고'의 위치는?
  – 모음의 종류와 관계없이 **받침이 있는 어간** 뒤에 써요.

44 -으려고

창문을 **닫**다. 자리에서 일어났다.

닫- + **-으려고**

창문을 **닫으려고** 자리에서 일어났다.

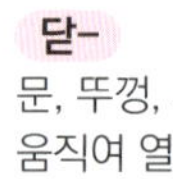 **배움 공책**

닫-
문, 뚜껑, 서랍 등을 원래 위치로 움직여 열린 것을 막다.

-으려고
어떤 행동을 할 의도나 욕망을 가지고 있음을 나타내는 연결 어미.

- '-으려고'는 어떤 행동을 할 의도나 욕망이 있음을 나타낼 때 쓸 수 있어요.
- 또한 곧 일어날 움직임이나 상태의 변화를 나타낼 때 써요

1 아래의 단어 목록을 리듬감 있게 읽어 보세요.

깎으려고	낳으려고	닦으려고	닫으려고
먹으려고	묶으려고	받으려고	벗으려고
섞으려고	숨으려고	신으려고	심으려고
쌓으려고	안으려고	앉으려고	웃으려고
읽으려고	잡으려고	집으려고	찾으려고

20초 동안 정확하게 읽은 단어 _______/20개

2 아래의 문장을 소리 내어 읽고, 바르게 따라 써 보세요.

잡다

개구리가 파리를 **잡으려고** 긴 혀를 내밀었다.

삶다

라면을 **삶으려고** 냄비에 물을 끓였다.

깎다

머리를 **깎으려고** 미용실에 갔다.

3 다음 문장의 빈칸에 어울리는 말을 골라 ◯표 하세요.

❶ 다람쥐가 도토리를 ___________ 땅을 팠다. | 묻으려고 | 묻으면서 |

❷ 바다거북들이 알을 ___________ 해변으로 몰려들었다. | 낳기로 | 낳으려고 |

❸ 이번 시험에서 백 점을 ___________ 열심히 공부했다. | 받으려고 | 받았다면 |

4 파란색으로 표시된 동사를 살펴보고 형태가 바뀌지 않는 부분과 기본형을 써 보세요.

형태가 바뀌지 않는 부분	기본형
담	담다

❶ 산사태를 막으려고 나무를 심었다.

형태가 바뀌지 않는 부분	기본형

❷ 모르는 단어를 찾으려고 사전을 폈다.

형태가 바뀌지 않는 부분	기본형

5 주어진 낱말을 '-으려고' 형태로 바꾸고, 그림에 어울리는 문장을 만들어 보세요.

뽑다　　뽑으려고

혜빈이는 음료수를 뽑으려고 버튼을 눌렀다.

① **잡다**

✎

② **깎다**

✎

6 주어진 문장에 꾸미는 말을 넣어 자세하게 표현해 보세요.

혜빈이는 **어떤** 음료수를 뽑으려고 버튼을 눌렀다.

혜빈이는 **시원한** 음료수를 뽑으려고 버튼을 눌렀다.

어떤 샌드위치를 담으려고 도시락을 준비했다.

✎

확인 학습

❶ 땅을 파서 나무를 심었다.

귀를 파려고 면봉을 꺼냈다.

도장을 예쁘게 파서 일기장에 찍을 것이다.

정답 : ＿＿＿＿＿＿＿＿＿＿＿＿＿＿

❷ 우리 팀이 이기면 좋겠다.

경기에서 이기려고 매일 열심히 연습했다.

우리나라가 이겨서 결승전에 진출했다.

정답 : ＿＿＿＿＿＿＿＿＿＿＿＿＿＿

❸ 강아지를 쓰다듬으니까 손을 핥았다.

아기의 볼을 쓰다듬으면서 눈을 맞췄다.

쓰다듬으려고 하자 고양이가 멀리 도망갔다.

정답 : ＿＿＿＿＿＿＿＿＿＿＿＿＿＿

2 다음 문장에 어울리는 말을 골라 ○표 하세요.

❶ 수영복을 (입으면, 입고) 수영모를 착용했다.

❷ 물을 (주었는데, 주니까) 새싹이 나지를 않아서 속상하다.

❸ 의사 선생님께서 강아지를 (쓰다듬는데, 쓰다듬으면서) 말씀하셨다.

❹ 반장을 (맡아서, 맡으려고) 할 일이 많아졌다.

❺ 건전지를 (바꾸는데, 바꾸면) 다시 작동할 것이다.

3 다음 문장에 어울리지 않는 말에 밑줄 긋고 바르게 고쳐 보세요.

❶ 버스를 기다리면서 예정 시간보다 늦게 왔다.　　정답 : ______________

❷ 밥을 먹으면서 이를 닦았다.　　정답 : ______________

❸ 비를 맞으려고 따뜻한 물에 씻었다.　　정답 : ______________

❹ 용돈을 받는데 사고 싶었던 책을 사야지.　　정답 : ______________

❺ 캠핑장에서 자려면 텐트를 쳤다.　　정답 : ______________

4 다음의 낱말을 활용하여 다양한 문장을 써 보세요.

짜**다**[짜다]

누르거나 비틀어서 물기나 기름 따위를 빼내다.
가구나 상자 등의 틀이나 구조물을 만들다.

형태가 바뀌지 않는 부분	형태가 바뀌는 부분	활용형
짜-	-아서	
	-면	

엎드리**다**[업뜨리다]

배가 아래를 향하게 하여 몸 전체를 바닥에 대다.

형태가 바뀌지 않는 부분	형태가 바뀌는 부분	활용형
엎드리-	-어서	
	-니까	

낳**다**[나타]

배 속의 아이, 새끼, 알을 몸 밖으로 내놓다.

형태가 바뀌지 않는 부분	형태가 바뀌는 부분	활용형
낳–	–고	
	–으면	

벗**다**[벋따]

사람이 몸에 지닌 물건이나 옷 등을 몸에서 떼어 내다.

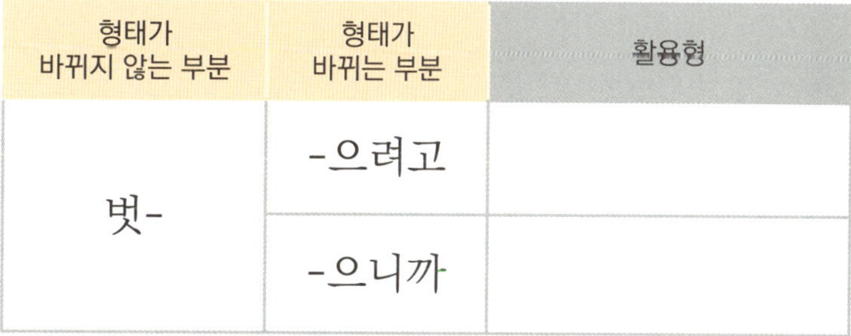

형태가 바뀌지 않는 부분	형태가 바뀌는 부분	활용형
벗–	–으려고	
	–으니까	

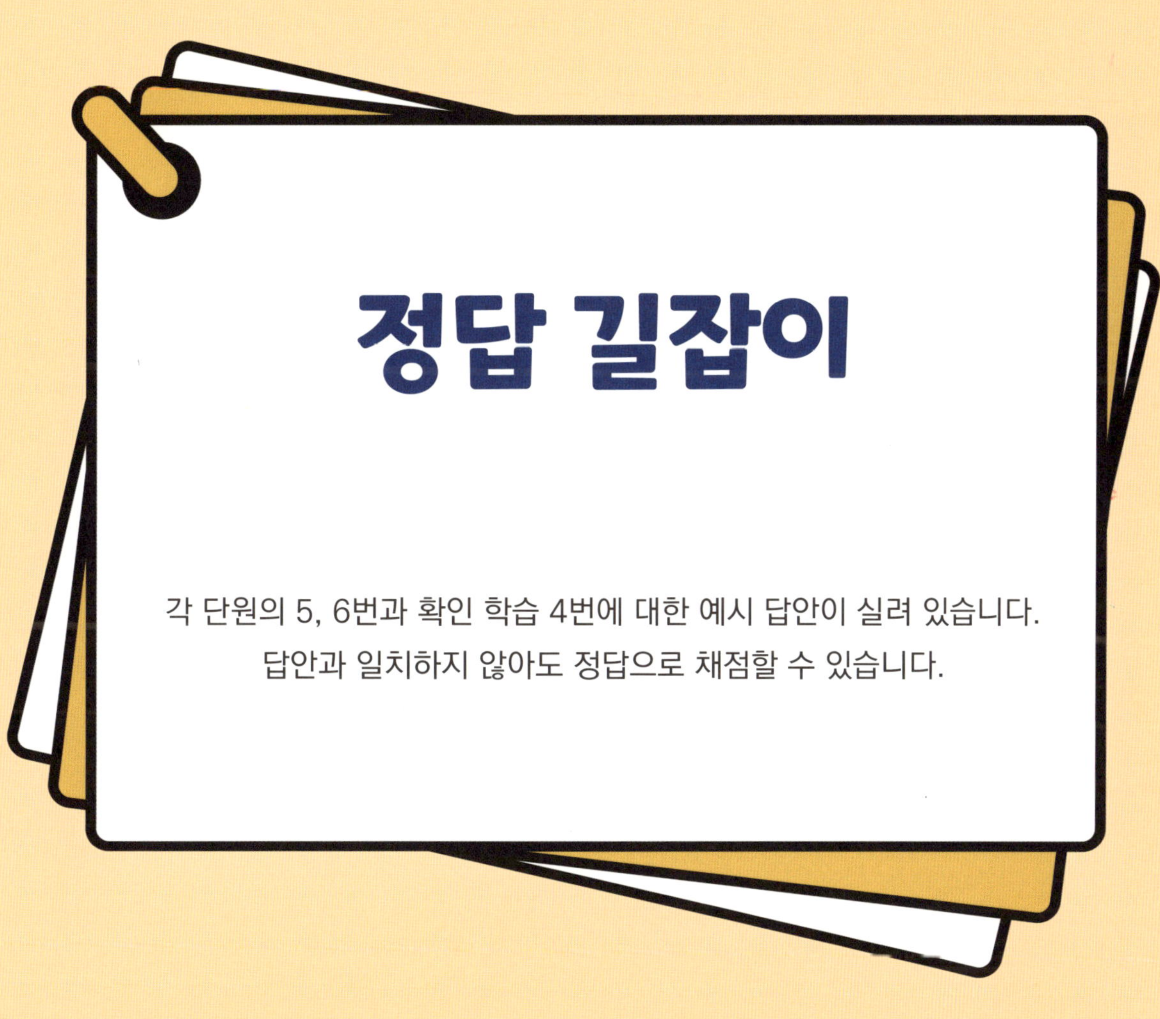
정답 길잡이

각 단원의 5, 6번과 확인 학습 4번에 대한 예시 답안이 실려 있습니다.
답안과 일치하지 않아도 정답으로 채점할 수 있습니다.

1. -ㄴ다 | 29, 30쪽

3. ❶ 내린다 ❷ 본다 ❸ 지금	4. ❶ 자 | 자다 ❷ 나 | 나다
5. ❶ 물이∨샌다. ❷ 친구들이∨달린다.	6. (둥근, 커다란)∨보름달이∨빛난다.

2. -는다 | 33, 34쪽

3. ❶ 웃는다 ❷ 닫는다 ❸ 꽃향기를	4. ❶ 신 | 신다 ❷ 찍 | 찍다

5. ❶ 학생들이∨제자리에∨앉는다.
  ❷ 막냇동생이∨눈덩이에∨맞는다.

6. 아이들이∨새롭게∨안∨것을∨(수첩에, 공책에)∨적는다.

3. -ㅂ니다 | 37, 38쪽

3. ❶ 다닙니다 ❷ 씁니다 ❸ 몸무게를	4. ❶ 나오 | 나오다 ❷ 바라 | 바라다

5. ❶ 가족들과∨제주도로∨떠납니다.
  ❷ 엘리베이터가∨위로∨올라갑니다.

6. 과학자는∨탐구∨대상을∨현미경으로∨(자세히, 낱낱이)∨봅니다.

4. -습니다 | 41, 42쪽

3. ❶ 낳습니다 ❷ 뽑습니다 ❸ 걸레로	4. ❶ 먹 | 먹다 ❷ 않 | 않다

5. ❶ 혜빈이가∨독서상을∨받습니다.
  ❷ 승현이가∨티셔츠를∨벗습니다.

6. 형이∨(재미있는, 우스운)∨만화책을∨읽습니다.

5. -아요 | 45, 46쪽

3. ❶ 삶아요 ❷ 여쭤봐요 ❸ 봄이	4. ❶ 쌀 | 쌓다 ❷ 살펴보 | 살펴보다

5. ❶ 삼촌이∨갓난아기를∨안아요.
  ❷ 누나가∨귀를∨막아요.

6. (우는, 길을 잃은)∨아이가∨엄마를∨찾아요.

6. -어요 | 49, 50쪽

3. ❶ 넣어요 ❷ 짚어요 ❸ 지우개로	4. ❶ 적 | 적다 ❷ 집 | 집다

5. ❶ 요리사가∨프라이팬에∨버터를∨녹여요.
❷ 아이들이∨정원에∨꽃을∨심어요.

6. (부지런한, 젊은)∨농부가∨논에∨모를∨심어요.

7. -요 | 53, 54쪽

3. ❶ 타요 ❷ 싸요 ❸ 어떻게	4. ❶ 차 | 차다 ❷ 서 | 서다

5. ❶ 손님들이∨빵집에서∨케이크를∨사요.
❷ 서아가∨갯벌에서∨조개를∨캐요.

6. (그리운, 전학 간)∨친구에게∨편지를∨보내요.

8. -았- | 57, 58쪽

3. ❶ 찾았다 ❷ 쌓았다 ❸ 마을을	4. ❶ 닦 | 닦다 ❷ 받 | 받다

5. ❶ 윤재가∨친구에게∨선물을∨받았다.
❷ 동생이∨책꽂이에∨책을∨꽂았다.

6. (자상한, 친절한)∨선생님께∨궁금한∨것을∨여쭤보았다.

9. -었- | 61, 62쪽

3. ❶ 바꿨다 ❷ 뜯었다 ❸ 작가가	4. ❶ 싸우 | 싸우다 ❷ 쉬 | 쉬다

5. ❶ 서아가∨아빠와∨이야기를∨나누었다.
❷ 다정이가∨빨간색과∨노란색을∨섞었다.

6. 다인이가∨뜀틀을∨(힘차게, 훌쩍)∨넘었다.

10. -ㅆ- | 65, 66쪽

3. ❶ 떠났다 ❷ 바랐다 ❸ 땅을	4. ❶ 타 | 타다 ❷ 차 | 차다

5. ❶ 예원이가∨손목시계를∨찼다.
❷ 형이∨여행∨가방을∨쌌다.

6. 하굣길에∨(세찬, 시원한)∨비를∨만났다.

11. -겠- | 69, 70쪽

3. ❶ 드리겠다 ❷ 오겠다 ❸ 비가   4. ❶ 자 | 자다 ❷ 바라 | 바라다

5. ❶ 보민이가∨영웅이와∨싸우겠다.
   ❷ 빨간∨구두가∨드레스와∨어울리겠다.

6. 다음주면∨(아름다운, 노란)∨꽃이∨피겠다.

12. -시- | 73, 74쪽

3. ❶ 타신다 ❷ 주시다 ❸ 반창고를   4. ❶ 오 | 오다 ❷ 가르치 | 가르치다

5. ❶ 선생님께서∨칠판을∨손으로∨가리키시다.
   ❷ 아버지께서∨호미로∨고구마를∨캐시다.

6. 부모님께서∨형의∨편지를∨(애타게, 간절히)∨기다리시다.

13. -으시- | 77, 78쪽

3. ❶ 닫으신다 ❷ 깎으시다 ❸ 지팡이를   4. ❶ 쌀 | 쌓다 ❷ 뜯 | 뜯다

5. ❶ 어머니께서∨행주로∨선반을∨닦으시다.
   ❷ 부모님께서∨비누로∨손을∨씻으시다.

6. 할머니께서∨(반가운, 기다리던)∨전화를∨받으시다.

확인학습 | 80~83쪽

1. ❶ 가다   ❷ 뛰다   ❸ 닦다

2. ❶ 배웠다   ❷ 잔다   ❸ 넘어지겠다   ❹ 깎았다   ❺ 숨었다

3. ❶ 어제 학교에서 상을 <u>받을 것이다</u>. → 받았다
   ❷ 할머니께서 차를 <u>탄다</u>. → 타신다
   ❸ 막내는 유치원에 <u>다니신다</u>. → 다닌다
   ❹ 우리 가족은 내일 미국으로 <u>떠났다</u>. → 떠난다, 떠날 것이다
   ❺ 다은아, 나랑 같이 밥 <u>먹어라</u>. → 먹자

4.		
❶ 타요		숲이 불에 타요. / 장작이 활활 타요.
	탄다	숲이 불에 탄다. / 장작이 활활 탄다.
❷ 배워요		선생님께 국어를 배워요. / 학교에서 영어를 배워요.
	배웁니다	선생님께 국어를 배웁니다. / 학교에서 영어를 배웁니다.
❸ 앉았다		아이가 의자에 앉았다. / 아이들이 바닥에 앉았다.
	앉는다	아이가 의자에 앉는다. / 아이들이 바닥에 앉는다.
❹ 섞었다		밀가루와 물을 섞었다. / 누나가 카드를 골고루 섞었다.
	섞는다	밀가루와 물을 섞는다. / 누나가 카드를 골고루 섞는다.

14. −니 │ 87, 88쪽

| 3. ❶ 기다리니 ❷ 마시니 ❸ 어떻게 | 4. ❶ 먹 │ 먹다 ❷ 적 │ 적다 |

5. ❶ 그리니　│ 주연아,∨그림∨그리니? / 주연아,∨스케치북에∨뭐∨그리니?
　 ❷ 찾니　　│ 컴퓨터로∨무엇을∨찾니? / 무슨∨책을∨찾니?

6. (너희, 부지런한)∨형은∨학교에∨몇∨시까지∨가니?

15. −ㄹ까 │ 91, 92쪽

| 3. ❶ 잘까 ❷ 만날까 ❸ 눈이 | 4. ❶ 던지 │ 던지다 ❷ 자 │ 자다 |

5. ❶ 이길까　│ 어느∨팀이∨이길까? / 축구∨경기에서∨누가∨이길까?
　 ❷ 배울까　│ 무슨∨글자를∨배울까? / 아이는∨무엇을∨배울까?

6. (귀여운, 장난꾸러기)∨초코야,∨산책하러∨나갈까?

16. −을까 │ 95, 96쪽

| 3. ❶ 찍을까 ❷ 심을까 ❸ 신발을 | 4. ❶ 받 │ 받다 ❷ 볶 │ 볶다 |

5. ❶ 넣을까　│ 가방에∨어떤∨물건을∨넣을까?
　 ❷ 적을까　│ 일기에∨어떤∨이야기를∨적을까?

6. 머리카락을∨얼마나∨(짧게, 길게)∨깎을까요?

17. −아라 │ 99, 100쪽

| 3. ❶ 앉아라 ❷ 잡아라 ❸ 제자리에 | 4. ❶ 쌓 │ 쌓다 ❷ 나오 │ 나오다 |

5. ❶ 닫아라　│ 창문을∨꽉∨닫아라.
　 ❷ 참아라　│ 가려워도∨조금만∨참아라. / 긁지∨말고∨참아라.

6. 쓰레기는∨봉투에∨(모두, 빠짐없이)∨담아라.

18. −어라 │ 103, 104쪽

| 3. ❶ 내쉬어라 ❷ 넣어라 ❸ 그만 | 4. ❶ 마시 │ 마시다 ❷ 주 │ 주다 |

5. ❶ 숨어라　│ 책상∨아래로∨숨어라.
　 ❷ 접어라　│ 수건을∨반듯하게∨접어라.

6. 결승선을∨향해∨(재빨리, 힘차게)∨뛰어라.

19. −라 | 107, 108쪽

3. ❶ 타라 ❷ 건너라 ❸ 가방을   4. ❶ 사 | 사다 ❷ 가 | 가다

5. ❶ 일어서라 | 자리에서∨일어서라.
   ❷ 나가라 | 밖으로∨나가라.

6. 보자기로∨선물을∨(정성껏, 단단히)∨싸라.

20. −자 | 111, 112쪽

3. ❶ 줄이자 ❷ 늘리자 ❸ 나무를   4. ❶ 넘기 | 넘기다 ❷ 읽 | 읽다

5. ❶ 보자 | 밤하늘의∨별을∨보자.
   ❷ 덮자 | 따뜻하게∨이불을∨덮자.

6. (맛있는, 풍성한)∨음식을∨보기∨좋게∨담자.

21. −ㅂ시다 | 115, 116쪽

3. ❶ 지킵시다 ❷ 들입시다 ❸ 학용품을   4. ❶ 보내 | 보내다 ❷ 가 | 가다

5. ❶ 마십시다 | 여름에는∨물을∨충분히∨마십시다.
   ❷ 건넵시다 | 횡단보도로∨안전하게∨길을∨건넵시다.

6. 앞∨사람부터∨순서대로∨(차례차례, 안전하게)∨탑시다.

22. −읍시다 | 119, 120쪽

3. ❶ 읽읍시다 ❷ 막읍시다 ❸ 과일과   4. ❶ 씻 | 씻다 ❷ 심 | 심다

5. ❶ 닦읍시다 | 깨끗하게∨발을∨닦읍시다.
   ❷ 담읍시다 | 장난감을∨상자에∨담읍시다.

6. (사용한, 다 쓴)∨물건은∨제자리에∨놓읍시다.

23. −ㄹ게 | 123, 124쪽

3. ❶ 둘게 ❷ 잘게요 ❸ 운동장으로   4. ❶ 오 | 오다 ❷ 버리 | 버리다

5. ❶ 돌볼게 | 내가∨햄스터를∨돌볼게.
   ❷ 일어날게 | 아침에∨일찍∨일어날게.

6. 한자를∨(차근차근, 꾸준히)∨배울게요.

24. −을게 | 127, 128쪽

3. ❶ 닫을게 ❷ 먹을게 ❸ 수첩에	4. ❶ 갚 ┃ 갚다 ❷ 앉 ┃ 앉다

5. ❶ 섞을게   ┃ 밀가루와∨물을∨섞을게.
   ❷ 벗을게   ┃ 마스크를∨벗을게.

6. 세탁기에∨(밀린, 더러운)∨빨래를∨넣을게.

25. −는구나 | 131, 132쪽

3. ❶ 되는구나 ❷ 드리는구나 ❸ 알약도	4. ❶ 앉 ┃ 앉다 ❷ 자라 ┃ 자라다

5. ❶ 치는구나   ┃ 민석이가∨북을∨치는구나.
   ❷ 빛나는구나   ┃ 화려한∨불꽃이∨빛나는구나.

6. 장작이∨(활활, 뜨겁게)∨타는구나.

26. −기 | 135, 136쪽

3. ❶ 넣기 ❷ 버리기 ❸ 이부자리	4. ❶ 닦 ┃ 닦다 ❷ 먹 ┃ 먹다

5. ❶ 않기   ┃ 아무데나∨쓰레기∨버리지∨않기.
   ❷ 참기   ┃ 속상해서∨참기∨힘들었다.

6. 끓는∨물에∨3분간∨(푹, 골고루)∨삶기.

27. −는 | 139, 140쪽

3. ❶ 움직이는 ❷ 있는 ❸ 나뉘는	4. ❶ 바라 ┃ 바라다 ❷ 쉬 ┃ 쉬다

5. ❶ 타는   ┃ 썰매를∨타는∨사람들이∨언덕을∨내려온다.
   ❷ 찾는   ┃ 경찰이∨찾는∨범인은∨검은∨모자를∨쓰고∨다닌다.

6. (화목한, 기차를 탄)∨우리∨가족은∨마주∨보고∨앉는∨자리를∨잡았다.

28. −ㄴ | 143, 144쪽

3. ❶ 달린 ❷ 태운 ❸ 던진	4. ❶ 이기 ┃ 이기다 ❷ 보 ┃ 보다

5. ❶ 올라간   ┃ 하늘∨높이∨올라간∨풍선이∨바람에∨흔들렸다.
   ❷ 배운   ┃ 형에게∨배운∨수영∨실력을∨뽐냈다.

6. 깨진∨유리컵을∨(조심스럽게, 안전하게)∨버렸다.

29. -은 | 147, 148쪽

| 3. ❶ 받은 ❷ 읽은 ❸ 숨은 | 4. ❶ 볶 ∣ 볶다 ❷ 신 ∣ 신다 |

5. ❶ 받은 ｜ 상장을∨받은∨혜빈이는∨뿌듯했다.
   ❷ 찍은 ｜ 친구들과∨찍은∨사진을∨보았다.

6. 아기를∨업은∨할머니께서∨(흐뭇하게, 조용히)∨웃으셨다.

30. -ㄹ | 151, 152쪽

| 3. ❶ 갈 ❷ 줄 ❸ 쉴 | 4. ❶ 배우 ∣ 배우다 ❷ 이기 ∣ 이기다 |

5. ❶ 멜 ｜ 동생이∨멜∨가방을∨샀다.
   ❷ 잴 ｜ 승준이가∨키를∨잴∨차례이다.

6. 친구에게∨줄∨(아름다운, 특별한, 풍성한)∨꽃다발을∨만들었다.

31. -을 | 155, 156쪽

| 3. ❶ 참을 ❷ 막을 ❸ 양말을 | 4. ❶ 쌓 ∣ 쌓다 ❷ 찍 ∣ 찍다 |

5. ❶ 받을 ｜ 내가∨급식을∨받을∨차례이다.
   ❷ 잡을 ｜ 큰∨물고기를∨잡을∨거야.

6. 스스로∨손톱을∨(짧게, 깔끔하게)∨깎을∨수∨있다.

확인학습 | 158~161쪽

1. ❶ 마시다 ❷ 담다 ❸ 묶다

2. ❶ 막아라 ❷ 참기 ❸ 찾는 ❹ 키우는구나 ❺ 읽었니

3. ❶ 목발을 짚을 아이가 힘겹게 걸어가고 있었다. → 짚은
   ❷ 3시에 만나기로 했는데 왜 아직도 안 왔다? → 왔니, 왔지, 오니, 오지
   ❸ 어제 만나는 윤우는 내가 가장 아끼는 친구이다. → 만난
   ❹ 알록달록한 스티커로 수첩을 꾸밈으로 했다. → 꾸미기로
   ❺ 지은아, 더우면 외투 벗었다. → 벗어라

4. ❶ 잤니 ｜ 지우야, 낮잠을 잤니?
     자라 ｜ 오늘부터 일찍 자라.
   ❷ 버린 ｜ 함부로 버린 쓰레기에서 냄새가 났다.
     버리자 ｜ 재활용 쓰레기는 분리해서 버리자.
   ❸ 읽는구나 ｜ 아빠와 함께 책을 읽는구나.
     읽은 ｜ 어제 읽은 책의 주인공은 마법사였다.
   ❹ 씹어라 ｜ 천천히 꼭꼭 씹어라.
     씹는 ｜ 과자 씹는 소리가 맛있게 들렸다.

32. -고 | 165, 166쪽

3. ❶ 잡고 ❷ 보고 ❸ 읽고

4. ❶ 익히 | 익히다 ❷ 울리 | 울리다

5. ❶ 안고　　　　　| 아빠가∨아기를∨안고∨우유를∨먹인다.
　 ❷ 감고　　　　　| 아이들은∨눈을∨감고∨잔디밭에∨누웠다.

6. (커다란, 큼직한, 큰)∨책가방에∨책도∨넣고∨필통도∨넣었다.

33. -면서 | 169, 170쪽

3. ❶ 주무시면서 ❷ 보이면서 ❸ 주면서

4. ❶ 보 | 보다 ❷ 달리 | 달리다

5. ❶ 보면서　　　　| 사람들이∨영화를∨보면서∨팝콘을∨먹는다.
　 ❷ 싸우면서　　　| 아이들이∨싸우면서∨소리를∨질렀다.

6. 선우는∨넘어지면서∨무릎을∨(크게, 조금, 심하게)∨다쳤다.

34. -으면서 | 173, 174쪽

3. ❶ 받으면서 ❷ 업으면서 ❸ 닦으면서

4. ❶ 닫 | 닫다 ❷ 적 | 적다

5. ❶ 짖으면서　　　| 개가∨짖으면서∨달려들었다.
　 ❷ 잡으면서　　　| 소방관이∨손을∨잡으면서∨아이를∨구했다.

6. 동생은∨눈물을∨참으면서∨(조심스럽게, 천천히, 서럽게)∨말했다.

35. -는데 | 177, 178쪽

3. ❶ 치우는데 ❷ 짜는데 ❸ 나눠주는데

4. ❶ 내리 | 내리다 ❷ 가 | 가다

5. ❶ 내리는데　　　| 비가∨내리는데∨우산이∨없었다.
　 ❷ 기다리는데　　| 버스를∨기다리는데∨뒤에∨있던∨사람이∨새치기했다.

6. 다정이는∨춤은∨(신나게, 멋지게)∨잘∨추는데∨노래는∨잘∨못∨부른다.

36. -아서 | 181, 182쪽

3. ❶ 앉아서 ❷ 닮아서 ❸ 쌓아서

4. ❶ 막 | 막다 ❷ 닫 | 닫다

5. ❶ 맞아서　　　　| 비를∨맞아서∨옷이∨젖었다.
　 ❷ 들어와서　　　| 방∨안에∨빗물이∨들어와서∨물건들이∨다∨젖었다.

6. 강물이∨햇빛을∨받아서∨(눈부시게, 투명하게)∨반짝인다.

37. -어서 | 185, 186쪽

3. ❶ 아껴서 ❷ 나눠서 ❸ 빌려줘서

4. ❶ 뛰 | 뛰다 ❷ 신 | 신다

5. ❶ 부딪혀서 　｜ 점원이∨아이와∨부딪혀서∨음식을∨쏟았다.
　❷ 엎드려서 　｜ 가족들이∨바닥에∨엎드려서∨책을∨읽어요.

6. 나는∨(두꺼운, 따뜻한)∨외투를∨입어서∨춥지∨않았다.

38. -서 | 189, 190쪽

3. ❶ 사서 ❷ 짜서 ❸ 싸서

4. ❶ 가 | 가다 ❷ 만나 | 만나다

5. ❶ 서서 　｜ 줄을∨서서∨순서를∨기다렸다.
　❷ 따서 　｜ 사과를∨따서∨바구니에∨담았다.

6. 자리에서∨일어서서∨(공손하게, 바르게)∨인사해야∨한다.

39. -면 | 193, 194쪽

3. ❶ 끼어들면 ❷ 가면 ❸ 이기면

4. ❶ 주 | 주다 ❷ 기다리 | 기다리다

5. ❶ 나면 　｜ 얼굴에∨뾰루지가∨나면∨연고를∨발라야∨한다.
　❷ 만나면 　｜ 친구를∨만나면∨인사를∨해야∨한다.

6. (따뜻한, 화창한)∨봄이∨오면∨꽃이∨핀다.

40. -으면 | 197, 198쪽

3. ❶ 잊으면 ❷ 괴롭히면 ❸ 잡으면

4. ❶ 참 | 참다 ❷ 웃 | 웃다

5. ❶ 긁으면 　｜ 상처를∨긁으면∨흉터가∨생긴다.
　❷ 담으면 　｜ 가방에∨짐을∨담으면∨여행∨준비가∨끝난다.

6. 창문을∨(꽉, 완전히, 단단히)∨닫으면∨방∨안이∨조용해진다.

41. -니까 | 201, 202쪽

3. ❶ 배우니까 ❷ 파니까 ❸ 매니까

4. ❶ 바꾸 | 바꾸다 ❷ 지 | 지다

5. ❶ 떼니까 　｜ 딱지를∨떼니까∨피가∨났다.
　❷ 켜니까 　｜ 불을∨켜니까∨글자가∨잘∨보인다.

6. 밤송이를∨까니까∨(토실토실한, 굵은)∨알밤이∨세∨개∨들어∨있었다.

42. -으니까 | 205, 206쪽

3. ❶ 닦으니까 ❷ 깎으니까 ❸ 씻으니까   4. ❶ 씹 | 씹다 ❷ 쌀 | 쌀다

5. ❶ 닦으니까 | 바닥을∨세제로∨닦으니까∨깨끗해졌다.
   ❷ 넣으니까 | 저금통에∨동전을∨넣으니까∨땡그랑하는∨소리가∨난다.

6. 장화를∨신으니까∨양말이∨(축축하게, 전혀)∨젖지∨않았다.

43. -려고 | 209, 210쪽

3. ❶ 만나려고 ❷ 건너려고 ❸ 도와주려고   4. ❶ 쉬 | 쉬다 ❷ 나가 | 나가다

5. ❶ 사려고 | 선물을∨사려고∨문구점에∨갔다.
   ❷ 식히려고 | 더위를∨식히려고∨선풍기를∨틀었다.

6. 동생에게∨주려고∨(귀여운, 사랑스러운)∨인형을∨골랐다.

44. -으려고 | 213, 214쪽

3. ❶ 묻으려고 ❷ 낳으려고 ❸ 받으려고   4. ❶ 막 | 막다 ❷ 찾 | 찾다

5. ❶ 잡으려고 | 경찰이∨도둑을∨잡으려고∨수갑을∨채웠다.
   ❷ 깎으려고 | 강아지∨털을∨깎으려고∨빗으로∨빗어∨주었다.

6. (맛있는, 직접 만든)∨샌드위치를∨담으려고∨도시락을∨준비했다.

확인학습 | 216~219쪽

1. ❶ 파다 ❷ 이기다 ❸ 쓰다듬다

2. ❶ 입고 ❷ 주었는데 ❸ 쓰다듬으면서 ❹ 맡아서 ❺ 바꾸면

3. ❶ 버스를 기다리면서 예정 시간보다 늦게 왔다. → 기다리는데
   ❷ 밥을 먹으면서 이를 닦았다. → 먹고
   ❸ 비를 맞으려고 따뜻한 물에 씻었다. → 맞아서
   ❹ 용돈을 받는데 사고 싶었던 책을 사야지. → 받으면
   ❺ 캠핑장에서 자려면 텐트를 쳤다. → 자려고

4. ❶ 짜서 | 상자를 짜서 수납장을 만들었다.
      짜면 | 빨래의 물기를 꼭 짜면 더 빨리 마른다.
   ❷ 엎드려서 | 매트에 엎드려서 스트레칭을 했다.
      엎드리니까 | 침대에 엎드리니까 잠이 쏟아졌다.
   ❸ 낳고 | 이모는 아기를 낳고 기뻐하셨다.
      낳으면 | 이모가 여동생을 낳으면 좋겠다.
   ❹ 벗으려고 | 동생이 윗옷을 벗으려고 팔을 들어 올렸다.
      벗으니까 | 모자를 벗으니까 시원한 바람이 느껴졌다.

참고 문헌

교육과학기술부(2018). 초등학교 국어 3-1 교사용 지도서. 서울: ㈜미래엔.

국립국어원(2005). 한국어문법 1(외국인을 위한)(체계편). 서울: 커뮤니케이션북스.

김미선(2002). 접속부사의 텍스트언어학적연구. 박사학위 논문, 중앙대학교.

김애화(2013). 초등학교 학생의 쓰기능력 예측변인에 관한 예비 연구. 언어장애연구, 18(1): 66-75.

김애화, 황민아, 김의정, 고성룡, 유현실(2010). 초등학생의 읽기이해 능력 예측변인에 관한 연구. 언어장애연구, 15(3): 357-380.

김한샘(2010). 국어 교육용 어휘 선정을 위한 교과서 어휘 조사 연구. 국어교육연구, 47: 63-90.

남영신(2017). 보리 국어 바로쓰기 사전. 경기도: 보리.

유효영, 김성주(2018). 한국어 접속부사와 접속어미의 관련성. 언어와 문화, 14(4): 221-242.

정부자, 심승은(2019). 초등 1~4학년 아동의 형태인식 유형에 따른 어휘, 구문 및 읽기 특성. 언어치료연구, 28(3): 51-59.

토박이 사전 편찬실(2020). 보리 국어사전. 경기도: 보리.

현유성, 정다운, 박용주, 박인태, 유한아, 윤성현(2017). 떠먹는 국어문법. 서울: 쏠티북스.

황화상(2018). 현대국어 형태론. 서울: 지식과 교양.

동사 뜻풀이, 어미 정보

국립국어원 표준국어대사전. https://stdict.korean.go.kr/
국립국어원 한국어기초사전. https://krdict.korean.go.kr/
네이버 국어사전. https://dict.naver.com

이미지 출처

아이클릭아트. https://www.iclickart.co.kr/
이미지투데이. https://www.imagetoday.co.kr/
클립아트코리아. https://www.clipartkorea.co.kr/